ちくま新書

英語教育幻想

久保田竜子
Kubota Ryuko

1350

英語教育幻想【目次】

はじめに

グローバル化が進むにつれて、世界語としての英語の持つ役割が増大してきていると言われています。実際にさまざまな分野における国際的活動で、英語が使用されていることは事実です。たとえば、ビジネスや学術関係の国際会議、およびさまざまなイベントの多くでは英語が主要言語です。英語圏外へ旅行に行ってトラブルが起きた時でも、だれかしら英語のできる人が見つかる可能性は高いと言えるでしょう。

日本ではここ三〇年ほど、学校・大学教育での英語教育を強化し、英語力を高めようとする動きが加速化されてきました。英語ネイティブスピーカー指導助手の学校への配置、小学校カリキュラムへの英語導入、英語による英語授業の実施、大学入試へのリスニングテスト導入、そしてさらに二〇二〇年からは大学入試が大幅に改革され、TOEFL、「新型」英検などで四技能（聞く・話す・読む・書く）を測る外部試験が導入されます。

この背景には、世界に展開する日系企業のグローバル戦略を推し進めるために、英語が不可欠であるという認識があります。実際、英語教育政策は経済界からの要望に応えるかたちで進められてきました。

教育政策を左右してきた英語不可欠論は言わば常識となっています。「英語ができれば国際コミュニケーションができる」、「英語ができればグローバル人材になれる」、したがって「英語能力は不可欠である」という論理です。根本には「英語は国際語である」というある意味で現実を映し出す認識が存在しています。しかし、英語が国際的にもよく使われるという事実は傾向にすぎません。

さらに、英語不可欠論を精査してみると、いくつかの問いが浮かび上がります。グローバル人材教育の対象となる「英語」とはどんな英語をさすのか、教育でお手本となる英語話者とはだれなのか、英語で国際コミュニケーションをする相手はだれなのか、英語にまつわる文化とは何か、などの問いを考えた時、アジアの近隣諸国から中東、アフリカまで、世界の隅々で英語を使っているあらゆる民族をまず先に想起する人は少ないのではないでしょうか。

ここには、英語・英語話者・文化に対する固定観念があります。つまり「国際」「グローバル」ということばは、「英語」に結びつくと、一種の狭められた地域・民族・文化だけに定義されがちです。とくに政府が取りまとめる英語教育施策ではその傾向が強いと言えます。グローバル人材育成の手段としての英語教育が推進されても、いびつな形のグローバル人材が育ってしまうのではないかという懸念が、英語教育関係者の中でも広まっています。

また、英語教育施策は、言語習得に関する一般通念に基づいています。「早ければ早いほどよい」や「英語は英語で習ったほうがいい」などの考えです。しかしこれらは学術的知見に裏打ちされているのでしょうか。

学校での英語教育は、戦後、事実上必修となっていったものの、長年選択科目でした。生徒全員に必修科目として課されるようになったのは、中学校は二〇〇二年、高校は二〇〇三年からです。本書で見ていくように、「国際化」が一九八〇年代から行なわれた教育改革の柱にすえられ、国際共通語と位置づけられた英語が必修になったわけです。

全員に課された英語は、好ききらいにかかわらず学習しなければなりません。しかし、成人になって、地域コミュニティーで自発的に英会話を学ぶ学習者も数多くいます。英語やそれが醸し出す雰囲気、あるいは学習がもたらす社会的恩恵が学びに人びとをひきつけるのです。この学びの形態や実情も、言語学習に関する私たちの固定観念を崩します。

正規の英語教育であれインフォーマルな学びであれ、経済活動とは切り離せません。英会話ビジネス・テスト産業・英語講師派遣業などは、このような官民あげての英語ブームに便乗するだけでなく、そのブームを産み出していると言えます。

このような状況のもとで、英語教育に関するさまざまな認識を問い直す必要があると考えます。

本書は、英語教育における一般通念を「幻想」と呼び、応用言語学の知見から検証します。私は、一九八〇年代後半から北米に渡り、応用言語学、とくに言語教育を専門に大学院で研究したのち、米国とカナダの大学で日本語教育と英語および外国語教員教育などに携わってきました。近年は、日本から派遣されて来る英語教員の研修プログラム運営にも関わっています。本書では、とくに批判的応用言語学の立場から、一〇の幻想について内外の研究の動向を踏まえて考察してみます。

批判的応用言語学は、一九八〇年代後半から他の関連する学問分野、カルチュラル・スタディーズ、社会学、文化人類学などのポストモダニズム的な視点から影響を受けて発展してきました。従来の科学的実証主義や固定的なものの見方を越えて、言語・文化・社会の一般通念を見直しながら新しい意味づけをします。その意味づけは、集団間にある権力関係を認識し、より公平公正な社会の実現に寄与することを目指します。この視野に立って、一〇の幻想をひとつひとつ検証していきます。

本書は二〇一六年に台湾で開かれた中華民国英語教育学会で発表したものを、日本の実情に合わせてふくらませたものです。論じたテーマと議論の多くは、英語教育の動向に対して危機感を抱いている他の著者によってもすでに扱われてきています。その意味で、本書は参考文献に掲載した先行著書を補っていると言えます。それらの著書と合わせて、英語教育に興味がある読者すべてに読んでいただければ幸いです。とくに英語を教えている学校や大学の教員、英語教員養成・指導・監督に携わっている教育者、ならびに教育政策作成担当者に有益な視点を提供できるものと確信しています。

なお、本書の焦点は英語指導あるいは英語学習ですが、多くの論点は広く外国語教育全般にも当てはまるはずです。また、本書で扱うテーマの多くには客観的に正しい答えがありません。言語教育、あるいはさらに広く社会全般に関する問題は、状況によって見方が変わってくるからです。そして、その状況で望ましい、あるいは望ましくないとされる見解は、一定の政治観や倫理観を反映しています。したがって、ここで展開していく議論は、いくつもあるうちのひとつの視点であることをあらかじめ断っておきたいと思います。

幻想1

アメリカ・イギリス英語こそが正統な英語である

私たちの日常生活はさまざまな規範によって制限されています。その規範からはずれると、「おかしい」とか「変だ」と無意識に反応してしまいます。さらにはある集団への帰属性も疑ってしまいます。言語生活もその一例です。

日本語をとってみましょう。最近は外国人留学生が増え、コンビニや旅館でアルバイトをする姿をよく見かけます。アジア人の場合、見かけは日本人と同じです。ところが、ちょっと発音に特徴があったりすると、日本人ではない、やっぱり外国人だ、という印象を私たちは持ちがちです。その時、それは変だ、直すべきだと考えるのか、それとも、おもしろい、もっと話してみたいと思うのか、そこには私たちの多様性に対する姿勢が問われているのです。

英語の場合はどうでしょうか。やはり英語を聞いて「きれいな発音」「変な英語」といった価値判断をする場合がよくあります。しかし、英語は国境を越えて世界の多様な人びとによって使用されています。国際共通語としての英語と正しさの規範とは相いれるのでしょうか。

†英語学習のお手本を考える

ことばを学ぶということは、ある意味で技能を身につけることと考えられます。技能を

「測ることのできる技術的能力」としてとらえると、その基準が必要になってきます。技能を身につけるさまざまな習い事、たとえば書道・華道・茶道、さらに楽器、たとえばピアノ・バイオリン・琴などを習得する際、いわゆるお手本があります。

では、言語学習のお手本は何でしょうか。言うまでもなく、テレビニュースでアナウンサーが使うことば、つまり標準語であるとふつうは考えられています。日本語教育や国語教育では東京方言にもとづく共通語が使われます。英語教育ではどうでしょうか。従来、イギリスあるいはアメリカ標準英語が手本として使われてきました。とくに戦後は、アメリカ標準英語が教科書準拠の音声教材やリスニングテストに使われてきました。

しかし、学校や大学における言語教育の目的はそのことばを使ってコミュニケーションできるようになることです。コミュニケーションするためのお手本とは何なのでしょうか。お手本は必要なのでしょうか。この問題を考えるにあたって、英語を使ってどのようなコミュニケーションをするのかを、多少回り道ですが考えてみる必要があります。

†話しことばと書きことばの基準

コミュニケーションといっても、さまざまな側面があります。学習指導要領では、いわゆる四技能、つまり聞く・話す・読む・書くための学習目標が記されています。これは大きく分けると話しことばと書きことばに分類できます。さらにそれぞれの技能を考えると、さまざまな内容や場面が存在します。

たとえば、英語の何を「聞く」のでしょうか。会話であれば、耳を傾けるのは相手の発話であり、会話でないなら、一方的に聞こえてくる音声、つまりテレビ・ラジオ放送、映画、インターネット上の動画、空港や飛行機の中のアナウンス、大学の講義であったりします。

「話す」技能としては、一般の会話が想起されます。最近ますます重要視されているプレゼンも含まれます。ただ、一般会話といっても、言語使用の相手・目的・状況によって、求められる技能は異なります。海外旅行で見知らぬ人に場所を尋ねるのと、ビジネス会議でプレゼンするのと比較してみると、単語レベルの技能からディスコースレベル、つまり文をつなげてまとまりのある発話ができるレベルまで、幅広い技能が考えられます。

このような「聞く」「話す」の言語活動の対象はあらゆる場面や相手におよびます。アメリカ・イギリス標準英語だけが対象なのだろうか、という疑問がわきます。

書きことばはどうでしょうか。「読む」のは、ありとあらゆる情報です。それは、印刷されていたり、オンラインで提示されたりします。情報の種類もさまざまです。テキスト形態としては、文章・文・フレーズ・記号・表などが含まれ、読む活動の目的としては、実用・学習あるいは研究・仕事・個人間の情報交換・娯楽などが考えられます。

　具体的にジャンルを考えてみると、小説などのフィクション、ニュース記事・社説・ブログなどに見る主張文やルポルタージュのノンフィクション、個人間のメールなど、さまざまです。これらの情報は、あらゆる目的でさまざまな読者を想定して提示されています。「読む」活動に関わってくる基準は何でしょうか。おおざっぱにいって、印刷されたものの多くは、標準英語に近いと考えられます。逆に個人的なやりとりの場合は、いわゆる「標準」から外れたものを読むケースも多いでしょう。

　最後に「書く」作業です。最近では手書きが少なくなり、パソコンや携帯デバイスを使うことが多くなりました。理論的には、右にあげた読みの情報すべてを書く可能性はあります。ただし、ほとんどの成人にとって、日常生活ではメールやショートメッセージによる個人間の情報交換がおもな活動でしょう。生徒や学生であれば、作文やレポートを書く必要もあるでしょうが、このように日常の言語活動を振り返ると、学校や大学で書かされるものは、一般人にとっては日常生活からかけ離れた特異なジャンルかもしれません。

「書く」活動の基準は「読む」活動と同様、インフォーマルなものに関しては、規範に忠実である必要はないと言えます。しかし、学校・大学教育では目的やジャンルにかかわらず正確さが求められる傾向があるでしょう。

†受信モードと発信モード

コミュニケーションの四技能を異なる観点から組み直すこともできます。「聞く・読む」は情報を受けとる受信モードであるのに対して、「話す・書く」は情報を発信する発信モードです。一般的に、私たちが日常生活で扱う言語情報としては、受信モードのほうが発信モードより圧倒的に多いと言えます。つまり、受信モードは発信モードより、語彙や表現の種類・複雑さの点で幅広い技能が要求されます。

ところが近年、英語教育がコミュニケーションに重きを置くようになってから、発信モード、とくに「話すこと」に注目が集まっています。しかし、同じ発信モードでも、話すことと書くことでは、実際の言語使用において、基準の重要度が異なります。もちろん場面・相手・目的によって期待される言語的正確さは異なりますので、一概に議論することはできませんが、おしなべて、書く作業のほうが話す活動より厳しい基準が適用される、つまり規範的であると言えます。これにはいくつか理由があります。

第一に、話しことばは瞬時に消えていきます。言い直す時間はありません。それに比べて、書くという作業では振り返り修正することができます。第二に、公的な場面で話す場合、もちろんある程度の基準はあります。はっきりした発音や表現などが期待されますが、やはり一度発したことばをいちいち訂正することはしません。しかし、それに比べてとくに公的な文書の場合、母語でも外国語でも、書き手以外による正確さのチェックが入ります。第三に、外国語の発音に母語の影響が残ることは避けられません。書く作業でも、母語の影響はもちろんあります。ただチェックが入る場合は、いわゆる規範に近い形の文章になる可能性が高くなります。

聞く・読むといった受信モードの場合も、場面が公的であるか私的であるか、また目的は何かによって基準の物差しは長かったり短かったりしますが、おしなべて、読みの材料の方が聞く情報インプットより規範性が高いと言えます。

このように言語と言語使用にはさまざまな側面があります。その目的や制約によって求められる正確さは異なってきます。英語教育の場では、「正しい表現」という一律の基準が押しつけられがちですが、コミュニケーションにおける正しさとは何かという問いに対して、「世界英語」という研究分野が規範主義に疑問を投げかけてくれます。

†世界英語　World Englishes

英語は世界の共通語と言われます。ということは、英語の使い手は英語の母語話者だけでなく、非母語話者も含まれるのです。また、母語話者の中にも国籍・人種・社会経済的地位などの点でさまざまなバックグラウンドを持った人びとがいます。つまり、世界で使われる英語には、さまざまな変種があり、私たちが英語でやりとりをする相手はさまざまな発音や表現を使うと考えられるのです。

言語学において規範主義が幅を利かせていた時代には、発音・語彙・文の正確な記述がもとめられていました。そして、その正確さとはいわゆる標準語における正確さでした。英語教育においても、アメリカ・イギリスの標準英語が規範となっていました。

しかし、一九八〇年代ごろから、「世界英語（world Englishes）」という研究が注目を集め始めました。研究者の代表格であるブラジ・カチュルーとヤムナ・カチュルーはインド出身の言語学者でした。世界的な植民地解体を受けて一九六〇年代から盛んになったポストコロニアルの思想にも影響され、ポストコロニアル的な言語観、つまり言語の多様性・創造性・雑種性に着目したのです。

ブラジ・カチュルーの世界英語の研究では、英語の変種を三つの円に分類しています。【図1】に示すように、それらは中心円・外周円・拡張円です。

中心円に属す英語はアングロ・サクソンの伝統がある国々、つまり、イギリス・アメリカ・カナダ・オーストラリア・ニュージーランドが含まれます。これらの国々では、英語が公用語あるいは同等の地位を持っています。ちなみにイギリスとアメリカでは、国家レ

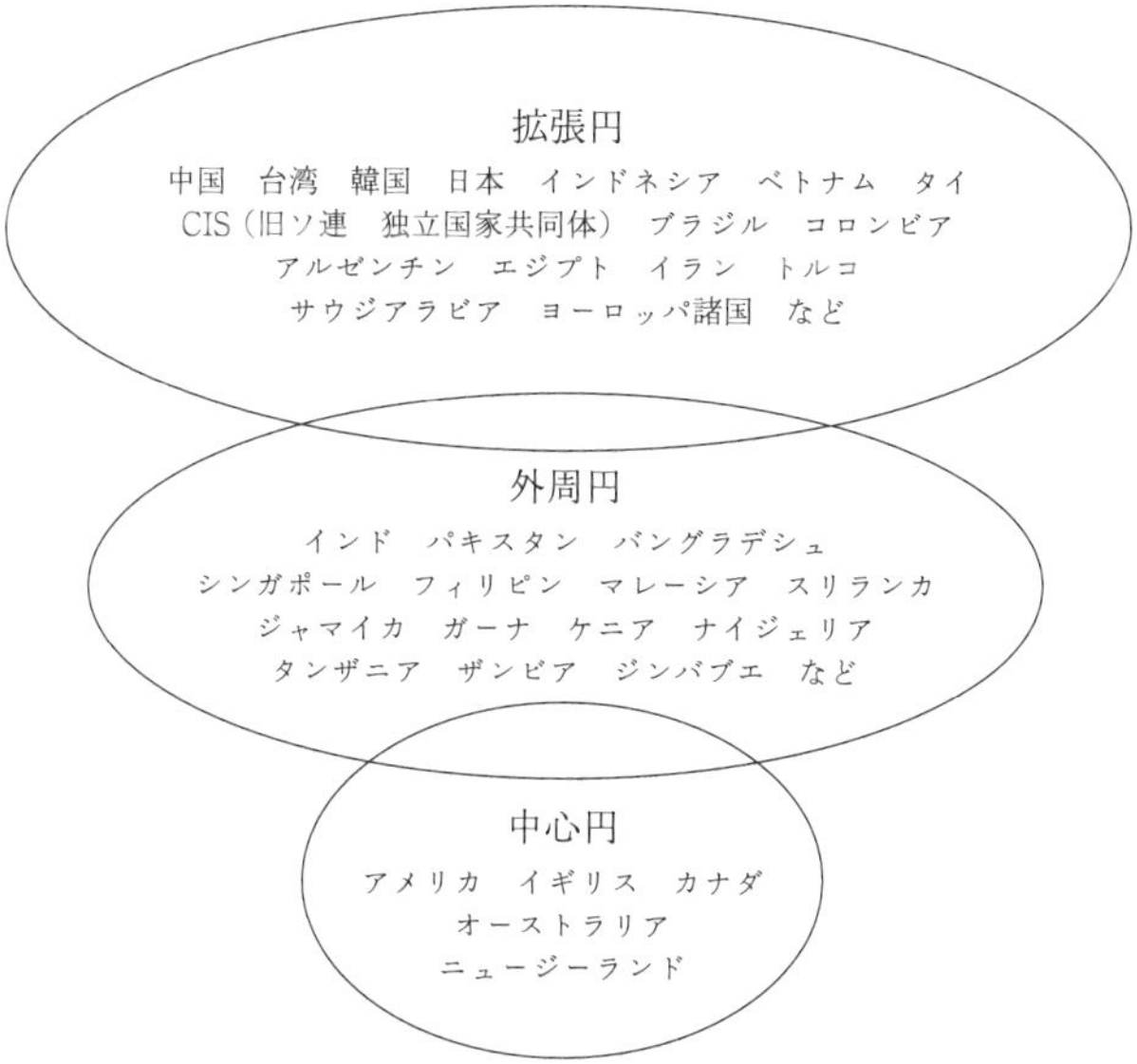

図1　世界英語

Kachru (1997) をもとに作成

ベルにおいて法律上、英語は公用語ではありません。しかし、事実上の公用語となっているのです。外周円の国々は、アメリカないしイギリスの旧植民地で、インド・シンガポール・フィリピン・パキスタン・ナイジェリアなどが含まれます。これらの国々では、英語が公用語のひとつになっており、政治・経済・教育の面で重要な役割を担っています。最後に拡張円には、その他、英語が外国語として学ばれているすべての国が含まれます。日本もそのひとつです。

世界英語の研究では、これらの国々で使用されている英語の特徴が明らかにされてきました。たとえば発音の違いは顕著です。オーストラリア英語・インド英語・中国英語などそれぞれ特徴的です。さらに他の研究テーマとしては、多様な場面での英語によるコミュニケーションの諸相・英語に関する言語政策・英語の多様性とイデオロギー・世界のさまざまな地域の英語文学・世界英語がもたらす教育的示唆なども取り上げられてきました。

世界英語の研究分野は、英語教育界や応用言語学において確立されています。*World Englishes* という学術雑誌もあります。世界英語の概念は日本にも早くから紹介され、本名信行氏が牽引者となって、日本「アジア英語」学会が創設され、一九九七年には第一回の全国大会が開かれています。この学会の研究テーマとしては、アジア諸国における英語の特徴やアジアの文芸・メディアにおける英語の役割などが取り上げられています。

†世界英語と書きことば

世界英語の中でそれぞれの英語の変種の特徴として注目されやすいのは、音声的特徴です。当然、話しことばにおける英語の多様性は、冒頭にあげたさまざまな言語使用の場面において見られます。海外旅行あるいは日本国内でも、会話の相手が使う英語や聞こえてくるアナウンスなどは、アメリカ・イギリス標準英語の発音とは限りません。私たち自身が話す英語も同様です。

それでは、書きことばではどうでしょうか。論文や公的文書などフォーマルな文章の場合、話しことばに見られる多様性は縮小し、統一化されやすいと言えます。ただ、文章全体の流れに注目すると、書き手の母語の思考パターンが英語の文章にも反映しているという学説もあります。

たとえば、中心円の英語母語話者は直線的・論理的思考パターンであり、英語の文章にもそれが反映している、それに対して、拡張円である東アジアの国々の出身者は、結論を最後まで引きのばしたあいまいな論理を使って英語を書く、という見方です。このように異なった修辞学的特徴と交わった時にできる独特な英語の文章も、世界英語研究の中で指摘されてきました。

これは、幻想5で論じる「比較修辞学」という研究分野で扱われてきましたが、文化や言語をひとくくりにして論じてしまう問題点が指摘されています。

その他のインフォーマルな場面で書く英語は、コミュニケーションの目的が一般会話と類似しており、文法やスペルなどが完璧でなくても意思疎通に支障がないと言えます。

†世界英語から英語教育を再考する

このように、世界英語の研究では、それぞれの英語の音韻・形態素・統語・意味などの特徴を記述することや世界各地での英語の役割を明らかにすることが、おもな目標となってきました。それと同時に、世界英語という概念が英語教育に与える示唆が論じられてきました。それでは、世界英語は、英語教育にどのような視点を与えてくれるのでしょうか。

まず、英語教育の前提を再考しなければなりません。外国語として英語を学ぶ目的は、国際化あるいはグローバル化に対応するためと言われます。文部科学省の報告書などでも「国際共通語としての英語力向上のための五つの提言と具体的施策」（二〇一一年）、「グローバル化に対応した英語教育改革実施計画」（二〇一三年）というタイトルで明らかなように、英語は国際共通語であり、それを使うのはグローバルな場面であるという暗黙の了解があります。

ところが、従来から、英語学習のお手本となるのは、アメリカ・イギリス標準英語です。学習者は、標準語のみを聞いたり読んだりすると同時に、標準語を正確に話したり書いたりするように要求されます。国際共通語として英語を学びグローバルな場面で使う際に、これらのお手本だけを聞いていればよいのでしょうか。また、これらのお手本通りに話す必要があるのでしょうか。

世界英語の観点から見ると、答えは否です。まず、中心円の人口は、外周円と拡張円を合わせた人口より圧倒的に少ないという事実をおさえる必要があります。中心円の国々の人口を計算してみると、世界人口の六パーセントにすぎません。

英語でやりとりする相手は、中心円のいわゆる標準英語の話者より、外周円や拡張円出身の英語母語話者あるいは非母語話者である確率の方が高いのです。もちろん、中心円の国だけを訪問したいと思う学習者もいるでしょう。しかしそれでも中心円の国々で出会うのは、標準英語の話者だけであるとは限りません。中心円の国々はみな多民族国家であり、地理的にも多様であるからです。

話しことばに関しては、世界英語にさまざまな発音があります。語彙や表現の多様性もあります。日本人も含めた非母語話者の話す英語の文法は、標準英語から逸脱していることも多いのです。世界英語の聞き手として、このような英語の多様性に対応できるようにしなければ、英語を国際語として使っているとは言えないでしょう。

書きことばはどうでしょうか。世界各地で発刊される新聞やその他公共メディアや書籍はある程度標準英語に準拠していると言えます。これは、校正のチェック段階を経ていることも影響しているでしょう。それに対して、一般の人びとが非公式な場や目的で書く英語は、必ずしも正確な文法・語彙・スペリングに準拠しているとは限りません。たとえば、会社員が英語の非母語話者とやりとりをする場合、使う英語は規範に照らして正確であるとは限りません。この点に関しては、幻想7で取り上げます。

英語に多様性があるということは、受信モードのコミュニケーションの際、規範から外れているように見えたり聞こえたりする英語を、どれほど理解し受け入れることができるのかという問題につながります。また発信モードでは、規範から外れても意思疎通が成り立てば目的が達成できたと言えます。これは、次に紹介する「共通語としての英語」の概念とも関連してきます。

アメリカ・イギリス標準英語のみを手本とすれば、ことばの多様性から学習者の注意をそらすことになってしまいます。そして、英語とはアメリカ英語とイギリス英語（それも規範的なもの）でしかないという幻想を学習者に抱かせることになってしまいます。

しかし、だからといってインド英語やシンガポール英語、中国英語や韓国英語がお手本になってだいじょうぶでしょうか。この点については、のちに検討を加えます。

†世界英語の問題点

ただ、世界英語の概念には大きな落とし穴があります。それは、日本語の多様性を例にとって考えてみると明らかです。まず、日本語とは何なのでしょうか。メディアや教科書や他の印刷物で接する日本語は東京方言をもとにした標準日本語です。これは、おおやけあるいは正式の場で使われ、書きことばに顕著に見られます。しかし、インフォーマルな場面や私的空間では、バリエーションに富んだ表現が使われます。それは方言であったり、特定の社会的集団の中で使われる俗語や流行語など、特別な表現であったりします。たとえば「ほっといて」という関西地方の表現は、「そのままにしておいて」という意味ではなく「捨てておいて」という意味になります。また、ひとりひとり一日の生活の中でさまざまな言い回しを使うでしょう。このように考えると、標準日本語という基準は存在するものの、実際に使われる日本語には多様性があります。

それでは、英語はどうでしょうか。もちろん英語が使われている国にはさまざまな人びとが暮らしており、多様な英語が使用されています。したがって、単にアメリカ英語と言っても一様ではありません。私たちがアメリカ英語というと、ふつうは米国の中西部（イリノイ・ウィスコンシン・インディアナ・ミシガン・オハイオ州など）出身の教育のある話者が話す標準的な発音を指します。また書きことばでは、学校・大学・メディアなどで使われる標準的な言語体系を指しますが、話しことばと比べて書きことばは多様性が少ないと言えるでしょう。

しかし、米国にはさまざまな方言があります。南部英語は特徴的です。そして南部英語といっても地域によって差があります。また、ボストンやニューヨークのアクセントなども特徴があります。さらに、多様性には地域差に加えて人種・民族間の特徴の違いもあります。黒人英語やチカノ英語（メキシコ系住民が使う英語）などは代表的です。また、アクセントは話者の社会経済的地位あるいは階級にも左右されますし、社会的場面によっても異なってきます。

アメリカの言語的多様性を扱ったドキュメンタリー映画をふたつ紹介します。ひとつは一九八八年に出た*American Tongues*『アメリカ語いろいろ』、もう一つは二〇〇五年にPBS（公共放送サービス）で放映された*Do you speak American?*『アメリカ語を話しますか？』です。インターネットにも部分的に動画が載っていますので、参考にすることができます。

アメリカ英語に見る言語の多様性は、もちろん他の国で使われる英語にも当てはまります。単に○○英語といってもさまざまな変種があり、単一的にとらえることはできません。国単位の英語の特徴をひとくくりにすることは、社会言語学的な多様性を無視することにつながり、本質主義を助長してしまうことになります。本質主義とは、ある事象や集団の内包する複雑さや多様性から目を背け、構成単位の特徴を単純化してとらえてしまうことです。ステレオタイプ化とも言えます。

世界で使われている英語の国単位の特徴を明らかにすることで英語の多様性を強調するはずの世界英語が、逆にそれら国単位で語られる英語の特徴を固定的に概念化してしまうのは皮肉だと言わざるをえません。こう考えると、一般的に、大きな事象を細分化して個々の単位の特徴を説明することで多様性が理解できたとするのは、限界があると言えるでしょう。これは言語に限らず、文化の理解にも当てはまります。文化に関しては、幻想5で取り扱います。

†共通語としての英語

世界英語とならんで英語の多様性に関して着目した研究分野に、「共通語としての英語(English as a lingua franca: ELF)」があります。ここでは英語の略語のELFを使って議論を進めます。ELFはジェニファー・ジェンキンス、バーバラ・ザイドルホファー、アナ・モラネン、村田久美子などの学者によって推奨されてきました。ELFの理論は、英語を媒介とするコミュニケーションに関する従来の前提に疑問を投げかけています。

英語のコミュニケーションは英語の母語話者とのやりとりである、とする見方が当然と考えられてきました。これは、さまざまな英語教科書を見てもその傾向が明らかです。

しかし、世界英語の概念や実態も考慮に入れると、私たちが英語でコミュニケーションをとるのは、英語の母語話者とだけではないはずです。実際、グローバルに見ると英語の非母語話者同士のやりとりの方が絶対的に多いのです。そこで、初期のELF研究では英語の非母語話者同士のコミュニケーションに焦点を絞っていました。しかし、これでは英語によるコミュニケーションを網羅しているとは言えないので、最近は母語話者も含めた幅広いコミュニケーションの特徴を研究対象としています。

ELF研究はある興味深い事象を明らかにしています。非母語話者同士が英語を使う際、意思疎通に欠かせない言語的正確さと、意思疎通には影響を及ぼさない言語的逸脱とを区別できるというのです。つまりコミュニケーションをとるためには、必要最低限の正確な発音や表現が不可欠である一方で、基準からずれていても意思疎通には支障のない言語表現もあるのです。

たとえば、無視できる言語要素として、日本語母語話者にとっては難しいとされるth

明らかに矛盾しています。しかし学習者からすると、ある程度の統一性がなければ安心感が得られないでしょう。

もうひとつは評価の問題です。英語が学校・大学教育の一部である以上、評価は避けて通れません。評価では何らかの基準に照らし合わせて個人の能力を測ります。大勢の学習者の評価を公平に行なうためには、統一した基準がなければなりません。いわゆる基準から逸脱した文法や発音が通じるからよいといって、複数の正解を設定しても、相手によって通じたり通じなかったりすることもあります。

代案として、従来の一斉テストではなく、自己評価も含め達成度を振り返る代替評価もあり得ますが、入学試験の場合、今のところ受験者の英語力を数値化する必要があるので、これも難しいと言わざるを得ません。そうなってくると、デフォルトの規範が、やはり従来から存在していたアメリカ・イギリス標準英語になってしまうのです。

今後、言語の多様性をどのように教育に取り入れていったらよいのか、学習者が多様性の大切さを受け入れ、積極的に関わっていくようにするにはどのような方法があるのか、模索を続ける必要があります。

幻想2

ことばはネイティブスピーカーから学ぶのが一番だ

英語に限らず外国語を学ぶ際、だれから教わるのが最適なのか、と問われると、「もちろんネイティブスピーカー（母語話者）」と答える人が大半でしょう。英会話学校でも従来からネイティブスピーカーが数多く雇われていますし、小・中・高校では、ネイティブスピーカーのALT（外国語指導助手）が英語の授業の補助をするようになってきました。

しかし、世界英語やELFの概念が、正統なことばの形は何なのかという疑問を投げかけるように、だれが正統な英語の使用者なのか、という問いも熟考する必要があります。実際、ことばの基準と使用者の基準とは密接な関係にあります。そしてここでも言語イデオロギーの力が働いているのです。では、なぜネイティブスピーカーが好まれるのか考えながら、その問題点を洗い出していきます。

†ネイティブスピーカーは「生きた英語」を話す？

授業を英語で行うことを基本とすることを前提に、生きた英語に触れるとともに、実際に英語を活用するという観点から、ネイティブ・スピーカーの外国語講師や外国語指導助手（ALT）、地域人材の活用・指導力向上を推進することが必要である。

これは、二〇一四年に文部科学省に設立された「英語教育の在り方に関する有識者会議」第五回会議の配布資料にある、指導体制に関する論点です。冒頭に授業を英語で行なうことが述べられていますが、この点は後の幻想9で扱うことにして、本章では、ネイティブスピーカーの役割について考えてみます。

この引用には、ネイティブスピーカーと対話することで「生きた英語に触れる」ことができるという前提があります。「生きた英語」というのは英会話学校などでも宣伝によく使われる常套句です。しかし、「生きた英語」とはそもそもどんな意味なのでしょうか。「生きた英語」の反対は「生きていない英語」「息をしていない英語」なのでしょうか。おそらく「生きた英語」という表現の裏に隠されているのは、「発音がきれい」「英語らしい感覚」「よどみなく自由に使える」など規範的な意味合いでしょうが、ここでもやはり言語の基準に関する前提が見え隠れしています。

つまり、ここには価値判断があります。「生きた英語」を話すのはネイティブスピーカーであり、その反対に、きたない、あるいはわかりづらい発音で話される英語らしくない英語は、「生きていない英語」でよろしくないという見方です。そして、きれいな発音を使う英語話者は、中心円の国々の標準的な英語、とくにアメリカ・イギリス標準英語の話者であると広く信じられています。

しかし前章で見たように、英語の話者は中心円の標準英語を操るネイティブスピーカーだけではありません。英語のネイティブスピーカーには、外周円の国々の英語話者、つまりシンガポールやインドの話者なども含まれます。しかし、これらの英語ネイティブスピーカーがＡＬＴや英会話教室の講師として活躍しているかというと、その数は圧倒的に少ないと言えます。

†ＪＥＴプログラムや民間語学学校では

たとえば、ＪＥＴプログラム（語学指導等を行う外国青年招致事業）で雇用されるＡＬＴの数を見てみましょう。一九八七年から始まったＪＥＴプログラムは日本政府の事業で、国際交流や外国語教育のために青年外国人を招致することにより、地域の国際化を推進していくことを目的としています。年々参加国の枠が広がり、二〇一七年度では、ＡＬＴの出身国が二三カ国となっています。この中にはほんのひと握りの英語以外（中国語・フランス語・韓国語・ドイツ語・ロシア語など）の指導助手も含まれていますが、九九パーセント以上は英語指導助手です。そして、実にＡＬＴの九二パーセントが中心円の国々の出身者です。さらに、ＡＬＴの全体の六〇パーセントは米国から雇用されています。米国偏重に関してはのちの章でもう少し詳しく吟味することにします。

ただし、現在、ALTの応募要件には、ネイティブスピーカーの言及がありません。「現代の標準的な発音、リズム、イントネーションを身に付け、正確かつ適切に運用できる優れた語学力を有していること。また、論理的に文章を構成する力を備えていること」とだけあります。ということは、ALTにはノンネイティブスピーカー（非母語話者）も含まれているのでしょうか。これについては、資料が見つかりませんので、何とも言えません。しかしおそらく、「現代の標準的な発音、リズム、イントネーション」と規定するということは、基本的にネイティブスピーカーの雇用を想定していると考えてよいでしょう。

民間の語学学校では、明らかにネイティブスピーカーを指定し公募している場合が多く見受けられます。たとえば、Looking for a native English instructor（英語のネイティブスピーカー求む）といった求人広告がインターネットに掲載されます。とくに「生きた英語に触れる」機会となると、ネイティブスピーカーの需要が高まるのでしょう。

一般的に、英語教育における英語のネイティブスピーカーとは、「英語を母語として使用する者」と定義できます。しかし実際のイメージには、ただ単に英語を母語とする者というだけではなく、中心円の標準英語を使用する者という印象がつきまとっています。

†ネイティブスピーカーとは？　日本語の場合

英語のネイティブスピーカーは、英語を母語として使用する者、とひとことで定義しましたが、この概念をよく考えて見ると、そう簡単にはかたづけられないのです。まず、母語話者とはどんな人を指すのでしょうか。

日本語の場合は英語などの世界的に拡散している言語に比べて、言語と民族・人種や国籍とのあいだに緊密な関係があるので、日本語のネイティブスピーカーというと「日本人」を想起します。しかしそれでも「日本人」とはだれなのかと問われると、ひとつだけの正解を導き出すのは困難です。さらに、ふつう想起される「日本人」の容姿をそなえていなくても日本語母語話者あるいはそれに匹敵する人たちは数多くいます。

歴史的にも、朝鮮・台湾など大日本帝国の植民地で国語学習が強制された経緯から「日本人」でなくても日本語が堪能な人びとは数多くいました。現代は、両親または片親が日本語のネイティブスピーカーでも海外で生まれ育ち、日本語を操れる人びともいます。あるいは、両親が「日本人」でなくても日本で生まれ育ち日本の教育を受けた人たちもいます。また、近年留学生が増えてきましたが、その中には流暢な日本語話者が数多くいます。つまり、日本語を巧みに操れる日本人以外の人びとはたくさんいるのです。

そのように考えると、日本語のネイティブスピーカーとはだれなのでしょうか。日本国籍を持っていなければならないのでしょうか。それとももっとゆるい定義を当てはめるべきなのでしょうか。

†ネイティブ性の定義　理論言語学の立場

英語など世界的に拡散している言語の場合は、ネイティブスピーカーの多様性を認めざるを得ません。応用言語学の中では、世界英語の研究を追うようにして、英語のノンネイティブスピーカーに関する研究が一九九〇年代から盛んになってきました。その中で、一般に受け入れられているようなネイティブスピーカーとノンネイティブスピーカーを二分化してとらえる見方が疑問視され始めました。

ノンネイティブスピーカーの研究を見る前に、言語のネイティブ性は理論言語学の中ではどのように説明されているのか簡単に見てみます。

現代の理論言語学の第一人者であるノーム・チョムスキーは、統語（文法）分析において文の正確さを判断するのに、理想的なネイティブスピーカーの内在的な言語能力を基準にしました。たとえばネイティブスピーカーにとって、You speak English, don't you? は正しいですが、You speak English, aren't you? は間違いとされます。この言語観は言語評価（テスト）にも影響を与えており、言語教育における規範主義を補完しています。

しかし、日常の言語使用において、私たちが使うことばは必ずしも規範的で完全な文型に準拠しているとは限りません。たとえば前章で触れたELFでは、don't you? や aren't you? という付加疑問文をすべて isn't it? あるいは no? で置き換えることが可能です。このような実際の生活空間で見られる多様な言語使用の実態を研究対象としているのが、社会言語学研究です。社会言語学の視点は理論言語学とは対照的です。

†社会言語学から見たネイティブ性

それでは、社会言語学的視点からネイティブスピーカーの問題を考えてみましょう。

まずネイティブスピーカーという概念の重要な点は、単に抽象的な言語能力を指しているのではなく、話者のアイデンティティに深く関わっているということです。この問題に関して、応用言語学者のアラン・デイヴィスは次の三つの要因をあげました。それは、言語力・自己所属感・他者の承認です。つまり、ネイティブスピーカーであるかどうかは客観的な基準に基づいて判断されるというより、自他の意識が大きく働くということです。

さらに同じく応用言語学者のジュン・リウは、話者のアイデンティティをネイティブ・ノンネイティブの両端のどちらかとしてとらえるのでなく、両端をつなぐ直線上のどこかに位置するものとしてとらえています。

しかし、ファラナズ・ファエズの実証研究では、ネイティブ性あるいはノンネイティブ性の判断はさまざまな要因に左右され非常に複雑で流動的であることが明らかになりました。この研究でファエズは、カナダの大学の教育学部に在籍する学生を対象に、自己と他者(学部の講師)のネイティブ性に関する判断を調査しました。

たとえば、カナダで生まれカナダで教育を受けた中国系二世の女子学生は、自身を英語のネイティブスピーカーと認識したにもかかわらず、講師からはノンネイティブスピーカーであると判断されました。

また、一四歳の時に、英語の外周円国であるフィリピンからカナダに移民し、カナダで高校と大学を卒業した男子学生は、英語の方がタガログ語より得意だと自己判断し、講師からも英語力の点では高い評価を得たにもかかわらず、本人は英語のネイティブスピーカーであるとはっきり自己判断をすることができませんでした。

さらに、同じく外周円国であるインド出身の男子学生は、英語を自分の第一言語、テルグ語を第二言語とし、自分は英語のネイティブスピーカーであると判断したにもかかわらず、講師からは英語力の点で低い評価をもらい、ノンネイティブスピーカーと判断されてしまったのです。

このように見ると、言語力・自己所属感・他者の承認は必ずしも一致せず、さらに自己判断や他者の判断には、多分に言語イデオロギーの力が働いていると言えます。つまり、標準英語の言語的特徴や言語使用者の特徴に一定のイメージが付随しており、それに合致しない場合はノンネイティブスピーカーと判断されてしまうことが多いのです。

そして、とくにここで指摘したいのは、言語以外のイメージの影響力です。つまり言語使用者の人種・民族的バックグラウンド、あるいは「見た目」が英語のネイティブであるかないかの印象を大きく左右していると言えます。この点は、次章で詳しく見ていきたいと思います。

†「ネイティブスピーカー誤信」と言語差別

このように、ネイティブスピーカーあるいはノンネイティブスピーカーの立場はさまざまな要因によってラベルづけされ、そのアイデンティティは状況に左右され流動的であると言えます。

しかし、英語教育においては、中心円の国出身で標準英語を母語とする者のみがネイティブスピーカーと同一視される傾向にあります。それらの英語話者は「生きた英語」を話し、彼ら・彼女らが英語教師として最適だと世間一般には思われているのです。それ以外の英語話者は、たとえ英語が母語であっても、正統なネイティブスピーカーとして扱われず、また私も含めて明らかにノンネイティブスピーカーのアイデンティティを持つ場合には、英語教師としての正統性がますます疑われることになるのです。英語に関する「言語帝国主義」に異議を申し立てたロバート・フィリプソンは、この偏った考えを「ネイティブスピーカー誤信」と名づけ批判しています。

被差別というものは、実際に体験してみないとその辛さはなかなか理解できません。私は長年北米の大学で英語のノンネイティブスピーカーとして教壇に立ってきました。教えてきたのは、日本語で教える日本語と、英語で教える第二言語教育学に関する授業です。おもしろいもので、母語として教えた日本語の授業は学生に高く評価されました。それに対して非母語で教えた英語の授業は、とくに最初のころ「英語力が障害になっている」とか「説明がすばやくできず、飽きさせる」などと学生から酷な評価を受けました。

皮肉なことに、この授業は外国語教授法で、学生はスペイン語などの非母語話者でした。つまり、これらの学生は将来みずからノンネイティブスピーカーとしてアメリカの中学校や高校の教壇に立つ立場にいるのに、ノンネイティブスピーカーの遭遇する困難さに共感を持てない、さらには言語的多様性に対する寛容性にかけていたと言えます。私は、論文や授業の中でこのような問題を明らかにし指摘してきましたが、なかなか理解してもらえない場合が多いのです。ネイティブスピーカー信仰の言語イデオロギーが強く働いている証拠でしょう。

†英語ノンネイティブスピーカー教師が持つ長所

このような差別に対して、英語のノンネイティブスピーカー教師は団結して異議を申し立てるようになりました。まず、一九九八年に米国を本拠地とする英語教師の団体であるTESOL（Teachers of English to Speakers of Other Languages）の中に、非母語話者の英語教師の分科会、Nonnative English Speakers in TESOL（NNEST―エヌネスト）を立ち上げました。これは、英語教育におけるノンネイティブスピーカー教師の地位向上と、その地位やアイデンティティに関する学術研究を推進することがおもな目的とされました。

また二〇〇六年にTESOLの理事会は「英語教育におけるノンネイティブの教師に対する差別に反対する意見書」を採択しました。この中では、英語教師の採用基準として、ネイティブスピーカーというラベルを取りはらい、英語運用能力に加えて、教員経験・高い専門知識・技能などを重視することを求めています。

二〇〇〇年代からは、ノンネイティブスピーカー教師に関する学術研究が盛んになりました。研究テーマとしては、英語学習者のネイティブ・ノンネイティブの教師に対する意識や態度、雇用主（とくに短期留学生のための集中英語プログラム）の意識、ノンネイティブスピーカーの教師のすぐれた点などが調査研究されてきました。

実際、英語の非母語話者である英語教師は、ネイティブスピーカーの英語教師と比べて、さまざまな長所があります。まず、これらの教師は学習者と同様の学習体験をたどったことから、学習者にとって最適の手本になります。また、学習者に共感を持つことができ、学習の過程において学習方法などの的確なアドバイスができます。

さらにすぐれている点は、文法や表現の的確な説明力です。ネイティブスピーカーの場合は、母語の文法構造を系統立てて説明できるようになるためには特別な訓練が必要ですが、それに対して非母語話者は、意識的に目標言語の文法や表現を学んできた経験があるので、文法構造を明示的に教えることができます。日本語を母語とする読者のみなさんが、日本語の文法や語彙の用法を教えることができるか想像してみると明らかです。たとえば、英語の指示代名詞である this と that の違いは容易に説明できると思いますが、日本語の「これ」「それ」「あれ」の違いはどう説明できるでしょうか。

このように、英語教育においてはノンネイティブスピーカーの地位向上を目指す努力が積み重ねられてきました。以前に比べて、教師募集の広告にも「ネイティブスピーカー求む」といった記述を見るのは少なくなったようです。ＪＥＴプログラムも、ウェブサイトにはこんな記載があります。

よくある質問
「英語を母国語とする国の出身ではありませんが、英語を専攻しており、英語教師としての経験もあります。ALTとして応募することはできますか？」
「場合によってはALTとして参加することもできます。国籍国の日本公館に問い合わせてください。」

実際は、英語のノンネイティブスピーカーが採用されているのかどうか、確かではありません。ただ、表面上は、その可能性があることをにおわせています。さらなる運動が必要になってくるでしょう。

†ノンネイティブスピーカー運動の落とし穴

このようにノンネイティブスピーカー運動は、ある程度の意識向上をうながしてきました。ただ、この運動に対する批判もあります。

ひとつは、ノンネイティブスピーカーという名称自体、とくに「ノン（非）」という否定的な響きです。先に紹介したTESOLの中のNNESTの分科会でも、この名前を使い続けることは、かえって「基準から外れている」という否定的なアイデンティティを是認してしまうのではないかという懸念が出され、何度となく議論されました。ただ、単語の持つ意味合いは固定的である必要はなく、新しい意味や価値を付与することも可能です。たとえば、同性愛者などを指すクイア（queer）という単語は、元来、「風変わりな」といった否定的意味合いがありましたが、現在ではセクシュアル・マイノリティを総括する誇りあることばとして使われています。つまり、ノンネイティブスピーカーが必ずしも否定的な意味を持つと考える必要はないのかもしれません。

もうひとつの批判は、ノンネイティブスピーカーの教師や研究者たちは真に地位向上の努力をしているのか、それとも母語話者信仰、あるいは西洋中心主義に飲み込まれてしまっているのかという疑問です。たとえば非母語話者として英語を教える際に、無意識に母語話者の基準を是として指導しているのではないか、そして、ネイティブスピーカーの方がすぐれているという信念を追認してしまっているのではないかという問題です。さらには、ノンネイティブスピーカー教師の学術研究でも、知らず知らずのうちに西洋中心の理論などに準拠してしまっているのではないかという問題です。

ノンネイティブスピーカー独自の理論的枠組みを打ち立てることはできるのか、その枠組みを、西洋の主流理論に対峙するポストコロニアル理論とリンクさせることはできるのか。この点で、世界の北半球に存在する西洋において生まれ拡散される「北の理論」だけに頼るのではなく、その他の世界観を中心にすえる「南の理論」を模索することも必要なのかもしれません。

†書きことばとノンネイティブスピーカー性

これまで見てきたネイティブ・ノンネイティブ性は、おもに話しことばに当てはまる議論でした。それでは書きことば、とくに発信モードの「書く」作業の点ではどうでしょうか。「書く」作業にもさまざまな目的やジャンルがありますが、ここでは大学や学術関係のレポート・論文を考えてみます。

いわゆるネイティブチェックが入っていない段階では、その文章はネイティブが書いたものなのか、ノンネイティブが書いたものなのか判定するのに、文法や語彙表現の正しさが判断材料になります。しかし、文法・語彙など表面上をスムーズに修正したものは、ネイティブ・ノンネイティブの区別はつかないかもしれません。

ただ、文章の場合、文法・語彙が正確であれば、よい文章なのかという疑問が残ります。レポートや論文の場合、全体の構成や議論の進め方、さらに論理性などの点で、効果的な文章を書くことが求められます。その能力自体は、ネイティブ・ノンネイティブという立場と無関係です。実際、北米の大学において、英語のネイティブスピーカーであってもよい論文が書けない学生は多くいます。その原因は、話しことばと異なり、書く能力は教育を受けることによって習得するからです。したがって、母語でアカデミック・ライティングに長けていれば、その能力は、英語にも転移するはずです。

さらに、文章中の文法・語彙の正確さという概念自体、疑問視されています。もちろん、はっきりした逸脱、たとえばスペリング、主語・述語の対応などの間違いは、エラーとして指摘できますが、他の表現が適切あるいは正確かどうかは、個々の読者の判断に委ねられるところが大きいのです。たとえば、ジョエル・ヘング・ハーツィーは博士論文の研究で、中国人の大学生たちが書いた計七本の英語のエッセイを、三〇名のノンネイティブ、一六名のネイティブ読者に読んでもらい、その中で不適切な部分を指摘してもらいました。筆者がデータを概観して最初に気づいたことは、不適切と指摘された箇所がバラバラだったことです。読者がノンネイティブ・ネイティブにかかわらず、すべての読者が不適切と指摘した箇所は皆無で、半数の読者によって指摘された同一箇所は、すべての指摘箇所の二・五パーセントにすぎなかったのです。

しかしそれでも、ノンネイティブの書いた論文が欧米系の学術雑誌の査読で酷評されたりすることはあります。そのひとつの理由として、論文のテーマがあげられるかもしれません。もちろん研究分野にもよりますが、たとえば応用言語学の場合、欧米を対象とした研究でない場合、低い評価を受ける可能性があります。これはネイティブ・ノンネイティブと何の関係もありませんが、一般的に非欧米のテーマはノンネイティブが取り組む傾向があると言えます。

さらに、学術雑誌の査読の場合、論文の著者の名前は明かされませんが、作者の名前つきの文章の場合、読者は名前を見た瞬間、先入観のスイッチが入ってしまう可能性もあります。これは、前述のアイデンティティの研究で、中国系カナダ人学生が講師からノンネイティブと判断されてしまったことと通じます。次章では、この言語以外の要素について考えてみます。

幻想3

英語のネイティブスピーカーは白人だ

世界英語・ELF・ノンネイティブスピーカーの視点は、英語に関する固定観念を問い直し、言語体系や言語使用の実態はいかに多様性に富んでいるのかを明らかにしてくれます。しかし、言語を使用するのは人間です。人間はことば以外の外見や出自でグループ分けされ、そのグループに優劣がつけられがちです。

これまで読み進めてこられた方はお気づきだと思いますが、中心円の標準英語スピーカーのイメージは明らかに白人です。ネイティブスピーカーというラベルにも白人の印象がつきまといます。つまり、英語のネイティブスピーカーと「白人性・ホワイトネス」とは切っても切り離せないと言えます。本章では、人種の概念・人種とことばとの関連性・レイシズム・反レイシズム言語教育について考察してみます。

†英会話の世界は人種差別

英会話の世界は人種差別である。(中略)「native speaker」という表現は、結果として「白人」を意味する暗号なのである。(中略)日本では多くの人にとって「アメリカ人」という言葉は「白人」とほとんど同意語になっているが、実際には、アメリカ人の中には、あらゆる色の有色人種が混じっている。とにかく、多くの日本の外国語学校では、

白人でない人種の候補者を注意深くよりわけて入れさせない。（二二頁〜二三頁）

これは、一九七六年に出版された『イデオロギーとしての英会話』というダグラス・ラミスの本からの一節です。筆者はアメリカ出身で、一九六〇年に来日し、その後津田塾大学教授職を経て、現在は沖縄から平和運動などに携わっています。ここでの観察は、ネイティブスピーカー＝アメリカ人＝白人という等式です。この本の出版から四〇年以上もたちましたが、今日の状況はどうでしょうか。この等式は、いまだに英会話を考えるときに多くの人が想起する等式なのではないでしょうか。

白人性と英語教育との関連性を考える上で、まず、人種という概念をおさえておく必要があります。

†人種は生物学的概念ではない

人種というと、生物学的な人間の違いが想起されます。たとえば、肌や目や髪の毛の色・顔形・体格などの違いが思い浮かびます。一般的には白色人種・黒色人種・黄色人種・褐色人種など外観で区別されることも多いのですが、近年のヒトゲノム研究によると、ヒトは遺伝学的には九九・九パーセント同質であり、人種の違いは生物学的にはほとんど認められないと結論が導き出されています。したがって、人種の違いは歴史的・社会的に構築されたものであると理解できます。それでは、人種が社会的な構築物であるという概念をもう少し詳しく見てみましょう。

たとえば、黒人は短距離走に秀でているという認識があります。実際、陸上競技でジャマイカ出身の黒人選手やアフリカ系アメリカ人の選手らがメダルをさらっていくのを見ると、やはりそうかと思います。しかし、黒人が短距離走を得意とするのはこの人種に見られる遺伝学的特徴なのでしょうか。

最近の研究では、西アフリカの遺伝子を持つ人びとは生物学的に短距離走に適した骨格や筋肉を持っているらしいということがわかっていますが、ジャマイカはアフリカに位置していません。歴史的には奴隷として連れられて来たのですが、では、他の西アフリカの国々、たとえばモーリタニア・セネガル・ガンビア・ギニアビサウ・ギニア・シエラレオネ・リベリア・コートジボワール・ガーナなどの選手が短距離走の世界大会でメダルをさらっているのかというとそうではありません。というように考えると、遺伝子の影響は微少ながらあるにしても、優秀なトレーニング、それに必要な経済的支援などがスポーツの勝敗を左右すると考えられます。

確かに、スポーツはおもしろい例です。米国では一九世紀から二〇世紀中頃にかけて、人種隔離政策がありました。その中で、黒人は公共の海水浴場やプールの使用を禁止されていたのです。そのせいもあり、黒人は「カナヅチ」というレッテルがはられ、二一世紀の今日さえも、黒人競泳選手の姿を見ることはあまりありません。社会的・歴史的トラウマがこのような状況を作り出していることは否定できないでしょう。

もうひとつの例として、アジア系の子どもたちは理数に強い、という北米で信じられているステレオタイプをあげます。世界的にもそう思われているでしょう。実際、米国のSATという大学進学テストの結果を見ると、アジア系受験者のスコアが抜きん出ています。その理由は黄色人種の遺伝的特徴にあるのでしょうか。しかし、理数が不得意な日本人あるいはアジア人は数多くいます。私たちが生物的に有利だとは考えにくいのです。これは社会的な現象であると考えるべきでしょう。つまり、教育制度やカリキュラム、社会的期待、さらにその期待に応えようとするモチベーションなどがあいまって、高い結果を出していると考えられます。

心理学研究では、自身が属すグループに関して肯定的なステレオタイプが心理的に想起されると、数学問題の正解数が増すという結果も出ています。つまり、ある人種や民族が本質的に理数に強いのではなく、その人種や民族が理数に強いという信念が強化されると、それに見合った能力を発揮するというわけです。

†社会的に構築された人種

人種が社会的に作り上げられる構築物であるということは、それがどのように構築されていくのかを吟味する必要があることも意味します。人種についての私たちの知識はどのように形成されるのでしょうか。物事の社会的意味はディスコース、つまり話しことば、書きことば、その他の音声・視覚的情報を使った言語や記号媒介によってかもし出されます。メディア・書籍・教科書・オンライン情報・広告など私たちを取り巻くさまざまな媒体は、ある対象に対して画一的なイメージを作り上げます。しかしその一方で、そのイメージに対抗する情報や意味が形成されることもあります。

たとえば、最近米国で出版された英語教授法のテキストの中に、リーディングの教材の一節が取り上げられていました。テーマは米国カリフォルニア州で一九世紀の半ばにブームとなったゴールドラッシュです。金を求めてアメリカ大陸を移動したフォーティーナイナーズたちは、危険を冒しても「敵意を持った先住民の土地（hostile Native American lands）」を横断したとあります。この描写はもちろん白人入植者の視点から書かれており、先住民は怒った危険な人物たちだというステレオタイプが追認されてしまっています。このようにディスコースを媒介として人種や民族の印象操作が行なわれているのです。

ちなみに、この描写の不適切さを著者に指摘したところ、新版のテキストではこれが削除されました。不適切な表現を放置させないという点ではよい措置だったかもしれませんが、実存する差別を問題視する機会は削がれてしまいました。教育的配慮の是非が問われる例です。

ネイティブスピーカーは白人、という幻想も私たちを取り巻くディスコースの中で増長されています。英語教育研究では、この幻想への批判が近年高まっています。この批判が功を奏してか、最近はある程度この短絡的イメージが少なくなってきたように感じますが、英会話学校の広告に白人が使われる比率はいまだに多いのではないでしょうか。

民族ということばを使いましたが、民族と人種、あるいは文化と人種とはどのような関係にあるのでしょうか。

†人種・民族・文化

人種というと身体的イメージを思い浮かべますが、「民族」という概念は、そこに文化的特徴が加わります。社会学や文化人類学では、宗教・言語・風習・生活習慣などの点で、社会文化的に特徴づけられる人間集団を指します。しかし、今日のディスコースでは、民族と人種が混同して使われる場合が多いと言えます。

さらに、文化ということばが人種の代わりに使われることも多いのです。つまり、文化の違いを語ることで、(社会的に構築されている)人種の違いを言外に語っているということです。これは、人種ということばが人種差別を想起してしまうので、文化というソフトなことばで置き換えるという現象です。したがって、たとえばなぜアジア人は数学が得意なのか、という説明に、勤勉な文化だからだ、と説明したとします。これは、勤勉な文化と勤勉でない文化を二分化して考える中で、実は人種の差異も暗示していると言えます。

†人種と言語　金髪碧眼の少女サラ

人種のイメージが英語教育の中で固定化されているのは、「英語のネイティブスピーカー＝白人」という等式でも明らかです。この等式は日本だけに見られるわけではありません。最近の体験を紹介しましょう。

カナダの大学と日本の大学との合同プログラムで英語教授法の授業を受け持った時のことです。この授業で学生たちは、六名ずつの小グループに分かれて協働で指導案を作り、それを教育実習で教えるという作業をしていました。ひとつのグループは、「健康的な食生活」というテーマの読み物を教えることになり、指導案を練りながらパワーポイントのスライドを作っていました。

スライドの一枚はライティングの活動でした。学生たちはそこに次のような指示を書きました。「カナダ出身のサラという一六歳の友だちが日本に来ます。日本の健康的な料理を紹介し、それがなぜ健康的なのかを説明しなさい」そして、【図2】に示すサラの絵をつけました。この絵では「カナダ人＝金髪で青い目の白人」ということになっています。

ではこれを作った六名のグループメンバーはだれだったのでしょうか。日本人一名以外はみなカナダの学生でしたが、出身はインドネシアとフィリピンが一名ずつ、エル・サルバドル系カナダ人一名、そして日系カナダ人二名だったのです。つまり皮肉なことに、サラの特徴をしている者はひとりもいなかったのです。

図2 「カナダ人サラ」のイメージ

百歩譲って、カナダの人口の四分の三は白人なので、これはマジョリティを代表しているので問題ない、とも言えるかもしれません。しかし、もっとも人種問題に感受性のあるはずの非白人学生たちが、無意識に白人のイメージを選んだことの背景には、「英語のネイティブスピーカー＝白人」という等式が強いイデオロギーとして働いていたと考えてよいでしょう。

†教科書の中の「ネイティブ＝白人」

この意識は、私たちを取りまくディスコースによって形作られ固定化されます。これには視覚的情報も含まれます。たとえば、中学校の英語の教科書を見てみましょう。最近の検定教科書の中では、おもな登場人物として、白人だけでなく肌の色が濃い中心円以外の出身の子どもたちも登場しています。

しかし、現行の教科書の一つ前の版までは、五社の教科書をならべてみると、登場するＡＬＴのイラストは全部白人女性でした。全部女性というのもおもしろい現象ですが、とにかく、ＡＬＴはすべて白人だったのです。平成二八年度版で初めて*Sunshine*という教科書で褐色の肌の色をしたケイト・ウッドというカナダ人の女性教師が登場します。中学校生活の三年間ずっと白人女性のイラストを見ていたら、やはり「英語のネイティブスピーカー教師＝白人」の等式は無意識に刷り込まれてしまうのではないでしょうか。

さらに、言語と人種のつながりにはある種の価値判断も付随しがちです。つまり、「英語のネイティブスピーカー＝白人＝優れている」あるいはその反対に「英語の非ネイティブスピーカー＝非白人＝劣っている」という判断です。このような価値判断は、私たちを取り巻くディスコースによって固定化されてしまいます。

このような価値判断によって生じる問題の例として、雇用差別があります。幻想2で、ノンネイティブスピーカーの地位向上を目指す運動について論じました。英語のノンネイティブスピーカーといってもその人種や国籍はさまざまです。日本人のようなアジア人もいれば、白人のヨーロッパ人もいます。しかし、白人ノンネイティブスピーカーは外見だけで英語のネイティブスピーカーと見られることがあります。先に引用したダグラス・ラミスは、五〇年以上前に初めて日本に滞在した時の友人が述べた次のコメントを回顧しています。「イタリア人やドイツ人やフランス人が、高等学校で学んだだけの英語を教えているのを知っている」

つまり「白人性」は「英語の母語話者性」を自動的に想起させるのです。その逆は、どうでしょう。「非白人性」は英語が母語であろうとなかろうと「英語の非母語話者性」のイメージと重なってしまうのです。

†ディズニー映画におけるキャラクター言語と人種偏見

人種集団につけられた言語的なイメージが再生産される例として、ディズニー映画があげられます。応用言語学者のロシーナ・リピ・グリーンは、一九九七年までに発表されていたディズニーのアニメーション映画のうち二四本に登場したキャラクターに注目し、キャラクターの性質・アクセント・人種・ジェンダーなどの関連性を調べました。この中で、人種とアクセントに関する傾向には興味深いものがあります。

傾向として、外国語のアクセント混じりの英語を話すキャラクターのうち悪役が四一パーセントと一番多かったのに対して、アメリカ英語を話すキャラクターの約八〇パーセントは善人あるいはヒーローの役でした。外国語なまりは信用できない、あるいは腹黒い性格だ、というイメージを暗に伝えています。

さらに、アメリカ英語を話すキャラクターを見てみると、黒人英語の声優が割り当てられている役があります。一九九七年までの作品の集計によると、何とそれらの役すべては人間ではなく動物だったのです。『ライオン・キング』のキャラクターの数が圧倒的に多かったことも原因なのですが、おもしろいことに、この映画の主人公のライオン、シンバはアメリカ標準英語の声になっています。そして、一九九八年に発表された『ムーラン』

の中の赤竜ムーシューも、黒人俳優エディー・マーフィーの声です。しかし、その後の作品、たとえば『リロ・アンド・スティッチ』（二〇〇二年）や『プリンセスと魔法のキス』（二〇〇九年）などでは、黒人英語がポジティブな役に使われるようになっています。

ディズニー映画は絶大な人気を誇っています。しかし、人種と言語の関係を意識しながら映画鑑賞する観客はほとんどいないでしょう。とくに多くの観客は子どもたちであることを考えると、知らず知らずのうちに人種と言語のステレオタイプが固定化されてしまうと言えます。日本で上映されるディズニーのアニメーション映画やＤＶＤは日本語吹き替えでしょうが、キャラクターの性格などをどのように音声で表しているのかは興味のあるところです。

日本語では、金水敏《きんすいさとし》が「役割語」の研究の中で、漫画などに登場する中国人の「アルヨことば」について考察しています。人種と言語の関係は日本語でもクリティカルに考える必要があります。

†逆言語ステレオタイプ

ディズニー映画の研究では音声を聞いてどのような人間や性格が想起されるかという問題でした。それに対して、ドナルド・ルビンおよびオキム・カンは「逆言語ステレオタイプ」という現象について研究しています。まず「言語ステレオタイプ」は、ディズニー映画のように、黒人英語の特徴的な音声を聞いて、黒人に関するイメージを想起する現象を指しますが、「逆言語ステレオタイプ」では、話者に関する視覚的インプットが、流れてくる音声の種類や質の判断に影響を与えるという現象です。たとえば、同一の英語の録音音声を聞いても、その話者としてアジア人の写真を提示された場合と白人の写真を提示された場合とを比べると、前者の方が後者よりもなまりが強く言語能力が低いと知覚される傾向があるのです。

つまり、「ネイティブスピーカー＝白人」のステレオタイプが、聞き手の話し手に対する英語力判断にも影響を与え、非白人はたとえネイティブスピーカーであっても不利な立場に置かれてしまっているのです。

これは深刻な問題です。つまり、私たちアジア人は、たとえ英語が流暢に使えるようになっても、このステレオタイプがなくならない限り、英語能力が欠けているとみられてしまう可能性が高いのです。日本に住む皆さんやその子どもたちが、高い授業料を払い必死に勉強して、晴れて言語的には「きれいな英語」が使えるようになったところで、アジア人へのステレオタイプがあるかぎり、白人社会では地位が低くみられてしまうということです。したがって、私たち自身が「ネイティブスピーカー＝白人」を信じ続けることは、このイデオロギーを自虐的に信奉し続けることにつながってしまうのです。

それでは、この状況を打ち破るためにはどうしたらよいのでしょうか。「人を見た目で差別しない、人種的平等意識を持つ」など、意識を高めることが必要ですが、人種差別は単純には片付けられません。

†人種差別

人種差別あるいはレイシズムというと、日本でもヘイトグループなどが行う集会で、聞くに耐えないことばが発せられるイメージ、あるいはそれに準ずるあからさまな差別を思い浮かべます。しかし、人種差別はそのように可視化できるものだけではありません。

(1) 個人間のレイシズム

人種差別と聞いてまず頭に浮かぶのはこのタイプでしょう。ただ、その程度にも幅があります。デラルド・ウィング・スーという心理学者が提唱したマイクロ・アグレッションという概念は、日常のさりげないことばや行いが非友好的・軽蔑的・否定的な侮辱を個人や集団に与えて、それらの人間を傷つける行為と定義されます。

たとえば、応用言語学者のイナ・リーがカナダのESLプログラムを観察した研究の中に、カナダ生まれの日系カナダ人であるネイティブスピーカーの若い女性教師が登場します。彼女はこのプログラムの中でたった二名だけのアジア系教師のうちのひとりです。この教師は白人の同僚から「どの国から来たの？」という意味で“Where are you from?”と執拗に聞かれたり、プログラムの宣伝用写真には教師陣とではなく生徒と一緒に撮影されたりし、屈辱的な体験をしました。

このような例は私も含めて、英語中心円の国に住む有色人種は日常遭遇する体験です。差別される側に立つとそのつらさがよく分かるものです。日本で「ネイティブスピーカー＝白人」という幻想に惑わされながら英語を学んでいく中で、無意識に非白人に対する差別意識を高めているかもしれないことを、よく考える必要があります。そしてその非白人は自分でもあるのです。

(2) 組織に組み込まれたレイシズム

レイシズムの二番目の種類は、社会構造の中に組み込まれ、こり固まってしまっている差別構造です。たとえば、組織の中の構成員です。私はカナダのバンクーバーにある大学に勤務しています。バンクーバーはアジア系の住民が多い多民族都市です。人口の五割近くは、非白人です。大学の学生も半分以上は非白人です。しかし教授陣を見てみると、大多数は白人です。前述の日系カナダ人の英語教師が教えていたプログラムでも、雇われていたのは白人の教師が大多数でした。また、アメリカの応用言語学の学会も国際化をかかげながら、基調講演の講師や学術賞の受賞者などはほとんど白人が占めています。

このように、社会的組織における成員の人種的偏りは、教育に限らず福祉・医療・政治・メディア・スポーツ・芸能など多岐におよびます。さらにその組織の中で、だれが功績を認められ称えられるのかという点でも人種的偏りがあります。そして、「ネイティブスピーカー＝白人」というイデオロギーもその構造の中に取り込まれているのです。

このような人種的偏りが、組織の中でどのようにして生じるのか、カナダで行なわれたある研究が例として参考になります。ここで注目されたのは、個人の姓名です。就職活動において求職者の姓名が採用にどのように影響を及ぼすのか、架空の履歴書を使って実験されました。その結果、アングロサクソン系の名前（例 Emily Brown）が書かれた履歴書の方が、非アングロサクソン系の名前（例 Fang Wang）が書かれた履歴書より、面接に選ばれる確率が高かったのです。その差は統計上有意でした。非アングロサクソン系姓とアングロサクソン系の名のコンビネーション（例 Michelle Wang）にしても、不利な点には変わりがありませんでした。

この研究では、雇用主への聞き取り調査も行なわれました。その結果、非アングロサクソン系の名前の求職者に関しては、英語能力の点で心配があるので敬遠されることが明らかにされました。同様の結果は、オーストラリアと米国で行なわれた類似の研究でも反復されています。

このように、人種差別は就職差別にもあらわれ、言語差別とあいまって社会組織的レイシズムを永続させています。そして日本人もたとえ英語を習得したとしても中心円の国で就職しようとしたら、このような隠れた微妙な差別に遭遇する可能性が高いのです。日本を見ても、マイノリティの人びとに対する名前による差別はいまだにはびこっているようです。植民地時代の創氏改名と重なります。

しかし、このようなレイシズムを正す動きもあります。たとえばハリウッド映画のアカデミー賞です。二〇一五年にノミネートされた作品や俳優のほとんどが白人性を代表していたことに反発したファンや関係者が、#OscarsSoWhite というツイッターのハッシュタグのもと、抗議をはじめたのです。その結果、翌年は有色人種のノミネーションも含まれるようになり、問題がある程度解消されるようになってきました。

組織に組み込まれたレイシズムと次に述べる知識の中のレイシズムは、エドワルド・ボニラ－シルバ著の本の題名、*Racism without racists*（『レイシストのいないレイシズム』）に呼応しています。これらのタイプのレイシズムは認識がなければふつう気づかない上、社会の現状の中に深くはびこっているのです。

(3) 知識の中のレイシズム

先に述べたように、私たちの認識や世界観、つまり「知のメガネ」はディスコースによって形作られます。知識の中のレイシズムはそのメガネの特質を示します。たとえば、前述したゴールドラッシュのフォーティーナイナーズについての読み教材を読むと、先住民は「乱暴で敵意に満ちている」というイメージが想起されます。そんな危険を冒してまで大陸を横断していった「勇敢な白人たち」という印象とは対照的です。さらに、この文章は白人移住者の視点から書かれています。知識の中のレイシズムは、人種集団の序列化を認識の中でうながし、それを当然なものとして追認してしまうのです。

もうひとつの例は、学校の音楽室です。私が小学生のころ、学校の音楽室の壁には、バッハ・ハイドン・モーツアルト・ベートーベンなど西欧の作曲家の肖像画がずらりとならんでいました。今振り返ってよく考えてみると、これらの偉大な作曲家はすべて白人男性です。音楽がヨーロッパにだけ存在するわけではないし、音楽を築いてきたのは男性だけではないはずですが、学校で習う音楽というと私の脳裏にはこのような西欧クラシック音楽のイメージが強く刷り込まれています。

だれの視点から教材やその他の文章・視覚情報が提示されているのか、どのようなイメージが人種集団に付与されているのか、どのようにして私たちの世界観は形作られているのかを考えることによって、「知のメガネ」の特性が見えてきます。日本の英語教育ではどうでしょうか。

一例をあげると、戦後出版され人気のあった中学校の英語教科書、*Jack and Betty* があげられます。改訂を重ねるごとに登場人物の描写は多少変化していったようですが、基本的には米国の中産階級の家族を主人公とし、米国の祭日や歴史のテーマも扱い、アメリカ主流白人文化が美化されていたと言います。英語教育史専門家である江利川《えりかわ》春雄《はるお》は『日本人は英語をどう学んできたか――英語教育の社会文化史』の中でこう書いています。

Jack and Betty はアメリカを美化しすぎているとの批判も出たほど、当時の子どもたちに「豊かで自由な」アメリカへのあこがれをかき立てさせた。(一三六頁)

アメリカの白人社会を美化した教科書は減っているでしょう。逆に一九八〇年代後半からの国際化と国家主義の抱き合わせによって日本中心の内容も増えています。しかし、英会話スクール・留学・ホームステイなどの広告やイメージなどが醸し出すアメリカ人のイメージは白人であり、アメリカの主流社会のイメージは白人社会です。確かに、白人が社会的・経済的な権力を持っているのは事実です。これはこれまで見てきたように、権力構造がディスコースを媒介に固定化されているからです。しかしだからといって、「アメリカ＝白人」あるいは「英語＝白人」という等式はもちろん成り立ちません。

さらに、一般的に大学や大学院の学問を考えてみると、取り扱われる学術的理論にどの国や文化や人種が反映しているのか、「知のメガネ」の観点から考える必要があります。たとえばレポートや論文を書くとき、特定の理論を選んだりするでしょう。また、自分の見解を裏付けするために他の研究を引用することもあるでしょう。その際にどの理論や研究者を選ぶでしょうか。西欧の著名な理論や理論家の研究を選ぶか、それともポストコロニアル理論を選んだり、同じくらい重要な研究成果を出しているアジア系やその他非西洋の研究者を引用したりするのか、ふだん意識せずに行なっている学術活動にも、レイシズムが潜んでいるかもしれません。

†クリティカルな反レイシズム教育に向けて

レイシズムは醜いものです。英語がどんなに堪能になっても、白人中心社会においては残念ながら日本人もいまだに差別の対象です。とくにジェンダーも加味すると、日本人女性はさらに周縁に置かれる可能性が高いのです。逆に、日本でも目や耳を覆いたくなるほど人権を踏みにじったレイシズム・セクシズム・リンギシズム（言語差別）が横行しています。このような差別は、どこにもあるから、しかたがない、あるいは当然だという意見もあるかもしれません。しかし、それは異なる権力関係においては自分も差別されて当然という結論になります。あるいは、差別されることを想像したこともない人もいるかもしれません。しかしそれでは悪循環を止めることができません。

まず、「ネイティブスピーカー＝白人」は幻想であることを認識する必要があります。「ネイティブスピーカー＝白人」の裏返し、つまり「ノンネイティブスピーカー＝非白人」は、自分自身が差別の対象になる構図です。しかし、英語の多様性や英語話者の多様性を認識することによって、これらの固定的な等式から自己を解き放ち、既存の権力関係を疑問視することができるでしょう。

さらに、英語教育や英語学習に付随する人種やレイシズムの問題は個人間の差別を越えて多岐にわたっていることも認識する必要があります。その複雑さを考えるにあたって、人種というカテゴリーは言語やジェンダーと交差して差別構造を作り上げていることを理解しなければなりません。

しかしここで、もうひとつの重要な要素を考える必要があります。それは社会経済的要因です。たとえば海外では社会的不正義を指摘する教育学研究が盛んになっています。そしてその多くはレイシズムに注目しています。しかしその一方でマルクス主義に立つ研究者たちは、不平等の根源は経済的不平等であるとしています。たとえば、非白人は白人に比べてさまざまな点で不利な立場に置かれていますが、すべての非白人が白人より社会経済的に低い地位にいるわけではありません。たとえば米国ではアジア系の生徒たちの大学進学率は高い上、アジア系の平均所得は白人に比べて高い傾向にあります。逆に、新自由主義的産業構造のために、白人労働者階級が資本の海外移転の犠牲になってきました。この問題は、二〇一六年の米国大統領選挙でもラストベルト（錆びついた工業地帯）ということばとともに脚光を浴びました。

したがって人種の問題には、他の要素、つまり社会経済的地位・ジェンダー・言語・国籍・性的アイデンティティ・障がいの有無などが複雑に交差し合っているのです。その上さらに、社会的状況によって、個人や集団の地位は異なってくるのです。たとえば先に述べた私の北米での教師経験では、日本語の授業を教えるのと日本語以外の授業を教えるのとでは、学生の評価が異なりました。このように不平等の問題は大変複雑なのです。

英語や外国語を学校や大学で学習する究極の目的は、自己と異なる人間・文化・伝統・世界観を知り、相互コミュニケーションしながら自己を見つめ直し、お互いに世界観を広げていくことです。言語・人種・民族・ジェンダーその他の多様性を認め尊重することはその基本にあります。これは根本的に平和と平等を目指す世界観であり、人間を差別してはならない、という態度です。平等社会をつくるための英語教育はどうあるべきか、考える必要があると言えます。

幻想4

英語を学ぶことは欧米の社会や文化を知ることにつながる

英語を「中心円、とくにアメリカとイギリスの白人ネイティブスピーカーが話す標準語」というふうにとらえる傾向に疑問を投げかけてきました。「知識の中のレイシズム」で検証したように、このようなとらえ方は、言語学習に付随する文化や社会の理解にも影響をおよぼしています。つまり、英語学習が、欧米中心主義的になってしまうのです。「英語を学ぶことは欧米の社会や文化を知ることにつながる」という認識は、言語イデオロギーに認識的レイシズムを掛け合わせた必然的結果と言えるでしょう。

本章では、国際共通語と認識されている英語を学習することが、実は、世界のすべての人びととのコミュニケーション増進というより、中心円の国々、とくに米国との関係強化に結びついていることを見ていきます。さらに、それと裏合わせにある英語教育の国家主義的目的も指摘します。

†中心円の国にかたよる語学留学

英語と欧米中心主義の関連性を考えるにあたって、語学留学を考えてみましょう。幻想1で見たように、世界中に拡散している英語は中心円の国以外でも使われています。しかし、留学斡旋業者のウェブサイトを見ると、英語の語学留学先として人気のある国は、やはり中心円の国々です。

ここに海外留学協議会（ＪＡＯＳ）が二〇一六年に発表した「留学事業者三六社による日本人留学状況調査」の結果があります。文部科学省が同じ年に発表した「日本人の海外留学者数」という統計が海外の高等教育機関への留学者数を集計しているのに対して、こちらは、留学業者を介して語学留学する日本人の数を調査しています。

渡航先としては多い順にアメリカ・オーストラリア・カナダ・イギリス・ニュージーランドとなっており、これらの国に語学留学した学習者の合計は全体の八〇パーセント弱となっています。第一位のアメリカは、二五・五パーセントと全体の四分の一を占めています。注目に値するのは、フィリピンの人気で、ニュージーランドに迫るパーセンテージ（六・七パーセント）となっています。

ちなみに、次に多いのはフランス・韓国・中国・台湾というように、おそらくそれらの国のことばを学ぶ留学が続きますが、これらのうちアジア隣国への留学者数は合わせても三パーセントにすぎません。このように割合を見ると、英語学習が中心円の北米・オセアニア・ヨーロッパにかたよっており、ひいては西洋文化・社会とリンクしていることがわかります。

さらに、英語教育が欧米中心主義と抱き合わせとなっている背景には、戦後の対米追従と日米同盟があります。この章で取り上げる「英語を学ぶことは欧米、とくにアメリカ社会や文化を知ることにつながる」という命題は、イデオロギーとして私たちの意識に影響を与えているだけでなく、外交的・政治的にも操られていると考えられます。

†平和・民主主義を象徴する国家語としての英語　敗戦直後の状況

実際、英語教育と米国とは密接な関係があります。幻想3では戦後出版された中学校の英語教科書、*Jack and Betty* を紹介しました。連合国軍占領期に出版されたこの教科書の初期の版は、米国の中流家族や米国の文化・歴史をおもなテーマにしていました。占領期には、総司令部の民間情報教育局（Civil Information and Education Section：ＣＩＥ）が教科書検定を監督しており、文部省が合格とした教科書をさらに検閲し合否を出していました。

紀平健一は「戦後英語教育における *Jack and Betty* の位置」という論文の中で、戦後期の英語教育行政について解説しています。紀平によると、敗戦直後にまとめられた第一次米国教育施設団の報告書には、国際平和と民主主義の理念が高く掲げられました。一九五〇年には朝鮮戦争が勃発し、日本を反共の防壁にすることが占領軍の大きな目標になりましたが、平和と民主主義は保たれました。また、朝鮮戦争後に力を得た財界が、教育行政に要望を出し影響力を持っていくことになりましたが、この点については幻想7で触れます。

一九五一年には学習指導要領が改訂されましたが、基本的には一九四七年のものを踏襲していました。中学校と高等学校の学習指導要領外国語科（試案）では中等教育の目標として、「世界平和のための教育」が高く掲げられました。

ここからは私見です。この文書で英語の位置がどのようにとらえられているのか、観察してみたいと思います。

> 英語国民の家庭生活と社会生活のうちで、価値ある要素の理解と、また重要な部分が英語国民のなかで発達した全世界の国民の民主的遺産を理解させることによって、英語は社会的能力の発達に大なる寄与をすることができる。

> It (English) can contribute greatly to the development of social competence, by leading to an understanding of the worthwhile elements of the home life and social lives of English-speaking peoples, and to an understanding of the democratic heritage of the peoples of the world, which to an important extent was developed in English-speaking nations.

これは、英語と日本語で書かれており、日本語版は英語版の大意訳とされているので、表現がわかりづらい部分があります。傍点の部分は、「世界の人民の民主的伝統、そしてそれは英語国においてかなりの程度発達させられたものである、ということの理解を通じて」となるでしょう。

ここで、英語は「英語国民」のことばであり、その社会文化的要素の理解が社会的能力の育成につながるとしています。また、英語を世界に広がる民主的伝統に結びつけると同時にその価値観はおもに英語国で培われたとしています。さらに他の箇所では、英語は「国際的な言語」であるともしています。

ここでは、世界平和が伝える「国際」そして「英語＝国際語」のイメージが国家語としてのアメリカ語・英国語にかぶさっています。つまり、この時代は、国際語としての英語の概念はありましたが、英語は国家語であり、平和・民主主義・先進を象徴し、アメリカとイギリスのことばであるという言語の国家的役割が暗示されていました。

†世界を象徴する英語　現在の状況

時計を進めて今日の中学校学習指導要領を見てみましょう。「英語国民」という表現は見あたりません。その代わりに、教材として「英語を使用している人々を中心とする世界の人々（中略）の日常生活、風俗習慣、物語、地理、歴史、伝統文化や自然科学などに関するもの」とあります。「英語を使用している人々」は中心円のみならず、外周円・拡張円の国々も含まれます。

実際、中学校の教科書には、さまざまな国のテーマが取り上げられるようになってきています。たとえば、*New Crown* ではオーストラリア・アメリカ・イギリスに加えて中国とインド出身の登場人物が会話などを進めています。テーマが繰り広げられる場所としてはインド・カンボジア・マラウイなども登場します。この点では、英語教育の国際化がようやく実ってきていると考えられます。ただし韓国と台湾がまったく登場しないのは不可解ですが。

しかし、すでに述べてきたように、教材の中で言語的基準として使われているのはアメリカあるいはイギリス標準英語であり、語学留学もアメリカに一番人気があります。英語を学ぶことと英米を知ることは、「白人性」の言説も巻き込んで、いまだに密接につながっているのではないでしょうか。

†日米同盟深化のための若手英語教員研修

若手英語教員を米国に派遣し、英語教育の教授法を学ぶとともに、米国での人的交流やホームステイを通じて米国の理解を深め、英語教員の英語指導力、英語によるコミュニケーション能力の充実を図る。これは、中長期的な視点に立てば、日米同盟の深化・発展のための国民の幅広い層における相互理解の促進にも資するものである。

これは、文部科学省と外務省が共同で二〇一一年から二〇一三年まで行なった「日本人若手英語教員米国派遣事業の概要」の中の「事業の趣旨」です。これは、全国から中学校と高校の英語教師を半年間、米国の大学数校に公費で派遣するという事業でした。実は数年前に日本の英語教育政策について調べていたとき、この概要を見つけたのです。ここでぎょっとしたのは、「日米同盟の深化・発展」という表現です。英語教育と日米同盟がこれほど露骨に結びつけられている例を見たことがなかったからです。

「英語を学ぶことは欧米の社会や文化を知ることにつながる」というと学習者の自発的学習のように聞こえますが、実は、外部から力が働いてそうさせるという面もあるのです。ここでは英語教育政策と日米関係に焦点を絞って議論を進めます。

†日米貿易摩擦解消策としてのJETプログラム

英語教育と日米関係というと、まずJETプログラムがあげられます。幻想2でも述べたように、JETプログラムは外国語教育の促進と草の根の国際交流の進展を目指して、一九八七年に初めて英語中心円の四カ国から八四八名の英語指導助手が雇用されました。

この事業は当時の外務省・文部省（のちの文部科学省）・自治省（のちの総務省）の共同事業としてスタートしました。このプログラムの発足当時から数年後まで、関係者に対する聞き取り調査などを通して行なわれた研究があります。著者のデイビッド・マッコーネルはこのプログラムを「トップダウン（上意下達）の草の根国際化」と呼んでいます。つまり、外国、とくに米国の若者たちが日本の地域社会の中で英語を教えることで国際交流の輪が広がるという点では「草の根」の国際交流でしたが、この事業の起案はきわめて政治色が強いトップダウンだったのです。

その当時一九八〇年代には、日米間の貿易摩擦が大きな外交課題となっていました。アメリカでは、貿易不均衡に伴う「ジャパン・バッシング（日本たたき）」が広がっていました。日本政府はさまざまな譲歩を強いられます。一九八一年に対米自動車輸出自主規制に合意し、一九八五年にはプラザ合意が成立し円高ドル安が進みました。一九八六年には日米半導体協定が結ばれ、日本市場の半導体の二〇パーセントは米国から購入することが決められました（孫崎享の『戦後史の正体』参照）。

そんな中、一九八六年に当時の中曽根康弘首相は米国大統領ロナルド・レーガンと会談しました。その際、ＪＥＴプログラムを提案したのです。日本政府がすべての費用を負担し、米国などの若者を日本で雇用し国際交流を進めることで、米国における対日印象を向上させようとしたわけです。これは貿易摩擦問題の解消策の一環として提案されたのですが、ある意味、日本の米国に対する「贈り物」だったのです。ＪＥＴプログラムの参加者の数を見ても米国偏重は明らかです。このプログラムが始まってから三〇年を経た現在も、二〇一六年から二〇一七年にかけてＡＬＴの合計四五三六名の出身国を調べてみると六〇パーセントが米国です。

†背景にある「教育の国際化」言説

さらにこの背景には、「教育の国際化」言説があります。一九八四年には、当時の中曽根首相の諮問機関として「臨時教育審議会」が設置され、一九八七年まで四回の答申が出されました。一九八六年に発表された第二次答申では、教育の国際化が強調され、国際理解と異文化を持つ人びととの意思疎通を推進するための外国語教育の見直しが提言されました。とくに英語教育の重要性が強調され、指導者として「外国人や外国の大学で修学したものの活用を図る」と提言されました。

さらに一九八七年の第三次答申では、次の提言があります。

今後の英語教育においては、広くコミュニケーションを図るための国際通用語としての英語の習得に重点をおくこととし、教育内容をより平易化するとともに、自らの意思を積極的に伝える観点から教育内容や方法の見直しを図る。

この答申は、その後の英語教育政策を「コミュニケーション重視」に転換させる上で、大きな役割を果たしました。

「国際」という用語は、明鏡国語辞典によると「一国内の範囲にとどまらず、諸国家・諸国民に関連すること。世界的であること」とあり、グローバルな交流や理解を喚起します。しかし教育における内実は、世界のあらゆる国や人びとを理解し交流するというより、西側の同盟国、とくに米国と緊密な関係を築き、日本の立場をはっきり説明するために導入された概念であると言えます。その実現のためには、国民の英語力が不可欠だと考えられました。

これまで考察した歴史的事象の因果関係をつきとめるのは困難ですが、少なくとも、次の要素は密接に関連し合っています。

- 対米貿易摩擦が招いた米国の日本に対する否定的なイメージ
- 国際化の必要性の強調
- 英語教育の推進
- コミュニケーションを図るための英語習得の重視
- ネイティブスピーカーの教室への配置

これらを集約したものがＪＥＴプログラムの創設であったと言えます。米国との関係改善が前面に押し出されていたと見ることができるでしょう。

†日米同盟

それでは、「日本人若手英語教員米国派遣事業の概要」に登場する「日米同盟」ということばは、いつから使われ始めたのでしょうか。どのような意味合いを持っているのでしょうか。

孫崎享によると、一九七九年に当時の大平正芳首相が訪米してジミー・カーター大統領と首脳会談をした際に使われたのが始まりだったと言います。一九七〇年代後半から始まった日米貿易摩擦は、経済問題のみならず安全保障問題もはらんでいました。米国側は対ソ戦略を強化するため、日本に防衛の負担増を要求してきたのです。一九八一年には鈴木善幸首相がレーガン大統領と会談し共同声明の中で初めて日米が「同盟関係」にあることが明記され、それ以来、公式の場で多用されるようになりました。

その後の中曽根康弘政権からは、米国の圧力がますます強くなり、対米追従の傾向が強まります。そして、前述の臨時教育審議会を開催したのも、JETプログラムを始めたのも、中曽根内閣でした。

二〇〇一年にニューヨークで起きた同時多発テロをきっかけに、米国はアフガン・イラク戦争を起こしました。日本は小泉純一郎政権のもとで二〇〇三年にイラク特措法を可決させ、自衛隊をインド洋とイラクに派遣しました。「日米同盟のグローバル化」が進んだと言えます。

二〇一〇年代に入り自民党が政権を奪還すると、右傾化が強まり、二〇一五年には安全保障関連法案が国会で強行採決されました。これにより集団的自衛権の行使が合憲とされ、同盟国（米国）との防衛協力関係がますます強化されることになりました。

最近の巨額におよぶ米国製兵器購入に関する政府決定や、国連の核兵器禁止条約への不参加を見ても、対米従属は一層強まっています。

しかし、この日米同盟は平等な関係ではありません。孫崎によると、戦後、自主路線をとろうとした政治家と官僚はことごとく米国からの圧力により排斥されています。二〇〇九年には、沖縄の普天間米軍基地の移設先について「最低でも県外」と公約していた民主党（当時）の鳩山由紀夫首相が、就任わずか九カ月足らずで辞任を余儀なくされます。米国と外務省官僚の強い圧力があったとされています。

†属国日本が進める英語教育

このように考えていくと、日本は真に独立国なのかという疑問がわきます。実際、米国が同盟にいだく長期的計画は、自衛隊と在日米軍の共同演習を含む緊密な協力関係です。沖縄の基地問題を論じているガバン・マコーマックと乗松聡子は「このような防衛計画作成において、自律性を保つなどあり得ない話だ」と断言しています。日本は実質上、米国に支配された属国であるという見解です。矢部宏治は戦後の日本を、在日米軍による占領体制がそのまま継続した「半分主権国家《ハーフ・サヴアラン・ステート》」と表現しています。

そうであれば、英語教育の推進が、日米間の同盟関係の維持にとって必須であることは当然です。ただ、英語教育の重点化は、米国依存強化のために日本が自発的にとった方策であって、あからさまにおしつけられたものではありません。この構造は、日本政府や官僚の対米追従政策と重なって見えます。それは米国からの目に見える圧力で行なわれているというより、外圧をそんたくして、日本政府が自主的に従属を進めながら自国の軍事力を増強しているという構図です。これは、*Jack and Betty* がアメリカ人ではなく日本人の英語教育者によって執筆されたこととも重なります。

日米同盟は単に日米軍事協力を意味するだけでなく、近隣諸国に対する市民感情とも連動していると考えられます。近年軍事大国化した中国ならびに核開発を進めてきた北朝鮮に対する脅威論を背景に、日米同盟の必要性は一般国民に浸透しつつあります。また、一九九〇年代から歴史教科書問題などで台頭してきた自由主義史観（アジア太平洋戦争における帝国日本の加害責任を否定する考え）が一般市民に広がるにつれて、反中だけでなく嫌韓の空気があらゆる場に漂っています。

このように、日米同盟の無意識な受け入れは、日本の米国への追従を是認するだけでなく、アジア近隣諸国に対する憎悪の感情をあおってしまう可能性もあります。今まで見てきたように、英語は米国人だけが使用するわけではありません。アジア隣国人も使用します。世界語としての英語教育のビジョンと、日米同盟を軸にした英語教育とは、本質的にかみ合わないのではないでしょうか。

先に見た「日本人若手英語教員米国派遣事業の概要」では、この事業が、「日米同盟の深化・発展のための国民の幅広い層における相互理解の促進にも資するものである」とされています。日本の中学や高校で生徒たちに英語を教えている先生がたを米国に送り、ホームステイをしながら米国の文化・社会などを学んでもらい、帰国後、生徒たちに研修成果を還元すれば、日米軍事同盟の深化・発展に寄与できるという前提です。裏返せば、いくら英語が国際語であっても、仮想敵国である中国や北朝鮮の英語学習者、あるいは慰安婦問題がこじれる韓国の英語学習者との交流や相互理解の価値は英語教育行政の中では注目されません。

寺島隆吉《てらしまたかよし》は、英語にとって政治とは何か、という問いに対して、メディア言説に取り巻かれている英語教育は政治的にニュートラルではあり得ないことを指摘しています。中村敬も英語教育における政治性を早くから指摘しています。英語教育の政治的・軍事的利用に気づかなければ、無意識に対米追従主義と視野の狭い国際感覚におちいってしまう可能性が高いのではないでしょうか。

†英語でニッポンを発信する

ただし、英語＝英米という図式は、敗戦後の占領政策で初めて形作られたわけではありません。山口誠著の『英語講座の誕生』という本があります。戦前にラジオ放送が始まってから放送された英語番組、とくに一九三四年から一九三九年まで放送された英語会話講座の背景を検証しています。ここで興味深いのは、この講座とそれ以前の英語講座との違いです。

この番組はそれ以前の番組と内容が異なっていました。それ以前は、教養つまり英文学が中心だったのに対して、英語会話講座はまさに英会話だったのです。そして、ニッポンを語るという傾向が顕著に見られ、たとえば、「がまんする」「がんばる」といった概念や「日本美術について」「日本政府について」「メイドインジャパン」などが英語会話の話題に取り上げられました。つまり、英文学講座は英語の文学を受容するのに対して、英会話講座ではNipponを発信するという大きな違いがあったのです。

筆者の山口は、受信においては欧米が起点となっていたが、発信に関しては、欧米と違う文化の可能性を英語で欧米ならびにすべての国家に発信するという構図になっていたと指摘しています。これは【図3】に表されています。さらに山口が問題提起しているのは、この受信に関して英米以外の国の英語の情報は無視されていたということですが、この構図は現代の日米同盟型英語教育にも当てはまりがちな興味深い観察です。

図3 「英会話」の思考様式
〈発信型「英語」が前提とする非対称な「世界」観〉

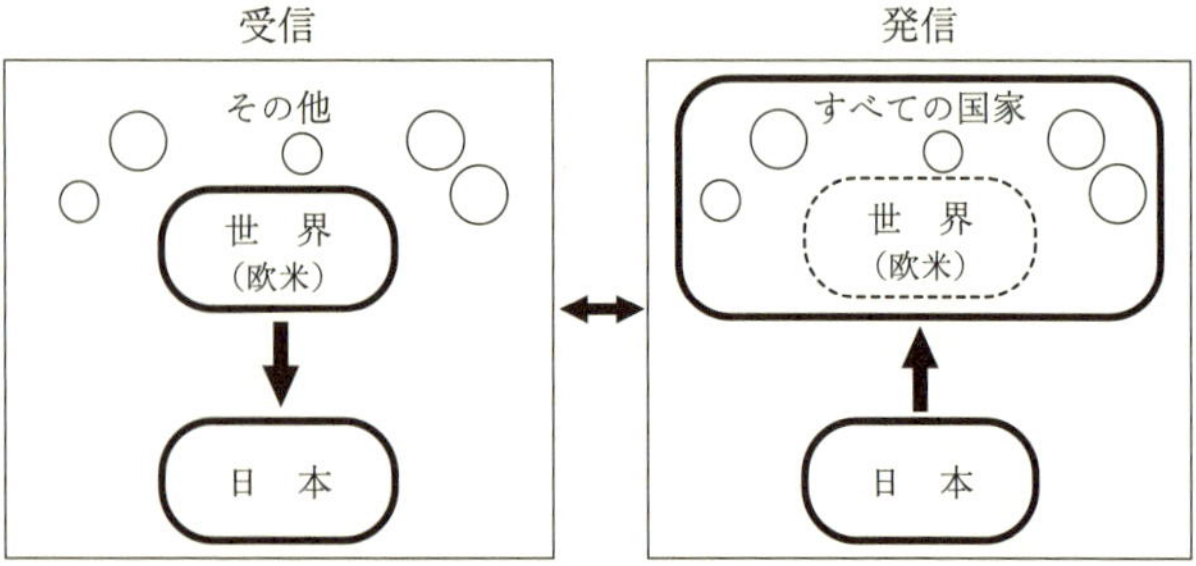

「世界」＝欧米のみ

「日本は文化の発信が下手なため、これまで文化の受信ばかりしてきた。だから世界には、歪められた日本のイメージが蔓延っている」

「世界」＝すべての国家

「これからは日本の発信を重視しよう。日本の良き伝統を世界に紹介し、欧米とは違う文化の可能性を提示することで、豊かな国際社会の実現に貢献しよう」

（山口 2001，p. 206）

英会話講座でNipponを発信しようとした背景には、日本が正確に世界に伝わっていないという危機感があったと言います。この時期を概観してみると、一九一〇年代の第一次世界大戦特需景気で輸出が大幅に伸びたのちに一九二〇年から不況におちいります。昭和時代に入ると、アジア大陸での覇権をねらう帝国日本は、一九三一年に満州事変によって満州国支配を始めます。

しかし一九三三年に国際連盟がリットン調査団報告書にもとづき日本の満州国不承認を可決すると、日本はそれを不満とし、国際連盟を脱退します。日本の立場が世界に正確に伝わっていないというのは、このような国際社会の帝国日本への批判が背景にあったと考えられます。その後一九三七年の日中戦争勃発につながっていきます。

ちなみに、ラジオ英語会話講座が始まった一九三四年には、貿易の推進に資することを目的に、日本商業英語学会（現、国際ビジネスコミュニケーション学会）が設立されています。ここでも国際的に孤立した日本の危機を経済的に乗り越えるために英語が注目の的になったと考えられます。

この時代の教育の動向について、教育学者であった森田俊男が考察を加えています。一九二〇年代から一九三〇年代の前半にかけて、「日本文化」に注目した教育論と「郷土教育」運動が展開したのです。たとえば、森田が引用しているのは、入沢宗寿《いりさわむねとし》という当時の教育学者です。彼は、欧米的教育学問から転向し、日本的「神道教育論」をふまえて、「体験・自然・奉仕・郷土」などを中心とした教育論を展開しました。したがってラジオの英会話講座で、Nipponを発信するというのはこの時代に「日本文化」の特徴に教育学者が着目したことと重なりあいます。こののち、日本の教育は「皇国ノ道」にもとづき戦争遂行を目的とした訓練や思想の統制というようにファシズムに傾いていきます。

この考察で明らかなことは、英米理解と日本発信が天秤のようにバランスをとっていたことです。この構図は、ＪＥＴプログラムが始まった時期から強調され始めた、教育における日本人としてのアイデンティティ育成にも反映しています。

†日本人としての自覚

「英語学習＝欧米理解」の裏返しが「日本人としての自覚の育成」であると言えます。教育目標として「日本人としての自覚」が戦後登場したのは、一九八〇年代に開かれた臨時教育審議会の報告書です。すでに考察したように、ここで強調されたのは教育の国際化で、コミュニケーションのための英語教育を推進することが提言されました。それと同時に、「世界の中の日本人」の育成が教育改革の焦点とされたのです。

ここでは、「国際的視野の中で日本文化の個性を主張できる能力」「日本人として、国を愛する心を持ち、国旗・国歌のもつ意味を理解し尊重する心情と態度を養うこと」が強調されました。ちなみに、一九九九年には国旗国歌法が制定され、これ以降、学校などにおけるおおやけの行事での国旗掲揚・国歌斉唱が当然の慣習となっていきます。

「世界の中の日本人」について、「審議経過の概要（その3）」を見てみると、「多様な異文化を深く理解し、十分に意思の疎通ができる国際的コミュニケーション能力を身につけた国際人の育成が不可欠である」とし、その基礎的条件として「国際社会において日本の歴史、伝統、文化、社会、国益等について説得力ある自己主張のできる広く、深い日本認識」とあります。これは、英語あるいはその他の外国語を使って「日本を発信する」という一九三〇年代のラジオ英語会話講座の方向性と重なります。

臨時教育審議会の報告書を受け、一九八九年に改訂された学習指導要領に初めて「日本人としての自覚」が現れます。たとえば中学校の英語教材については、

広い視野から国際理解を深め、国際社会に生きる日本人としての自覚を高めるとともに、国際協調の精神を養うのに役立つこと。

とされています。この部分は、現行の学習指導要領では、多少改正され、「…国際社会と向き合うことが求められる我が国の一員としての自覚を高めるとともに、…」とあります。いずれにせよ、国家的なアイデンティティ育成が英語教育の中でも求められていることがわかります。

二〇〇六年には第一次安倍晋三政権のもと、教育基本法が改正され、教育の目標として、「伝統と文化を尊重し、それらをはぐくんできた我が国と郷土を愛するとともに、他国を尊重し、国際社会の平和と発展に寄与する態度を養うこと」という項目がつけ加えられます。ここでも、国と郷土を愛する心と国際的態度とが並列されていますが、これは一九八

〇年代からの教育改革の理念を踏襲しています。

一九三〇年代に国際社会の中でゆがめられた日本の姿を正すための発信型英語会話がラジオ放送されたように、一九八〇年代も対米貿易摩擦で生まれた好ましくない日本のイメージを改めるために、発信型の言語教育が英語教育だけでなく国語教育でも重視されました。日本のイメージを向上させるために英語で発信されるのは、日本の生活・文化・ものの見方、それも、ポジティブで特徴的な側面なのです。敗戦直後の教科書*Jack and Betty*が米国の歴史・習慣・白人中流階級の生活などを美化してアメリカを描いていたように、日本人としての自覚を持って発信する「日本文化」は理想像を飾りつけたものである可能性が高いのです。

幻想5

それぞれの国の文化や言語には独特さがある

幻想4で見たように、外国語教育には文化の問題が切っても切り離せない関係にあります。英語教育の場合には、英語とつながる文化、および学習者の文化が密接に絡み合っています。言語教育に限らず、私たちが「文化」を考えたり語ったりする時、どのような認識が根底にあるのでしょうか。

†英語は論理的で日本語はあいまい?

ここにロバート・カプランという米国の応用言語学者が一九六六年に発表した論文の中の図があります【図4】。英語教育研究に携わっている読者の中には見覚えがあるかもしれません。この論文の中でカプランは、特定の言語には文化的思考パターンがあると主張しました。

英語は直線的論理を軸にしているのに対して、アジア言語はらせん状の論理、つまり論点を遠回しに論じていくパターンであるとしています。そして、この文化的な思考パターンは文章構成にも影響をおよぼす、つまり、英語の文章は直接的で演繹的(主張したい点を最初に書く型)であるのに対して、アジアの言語で書かれた文章は、間接的で帰納的(主張したい点を最後に書く型)だとしています。カプランの提唱したモデルは、「比較修辞学」という研究分野になり、さまざまな言語の文章構成の特徴が研究されてきました。

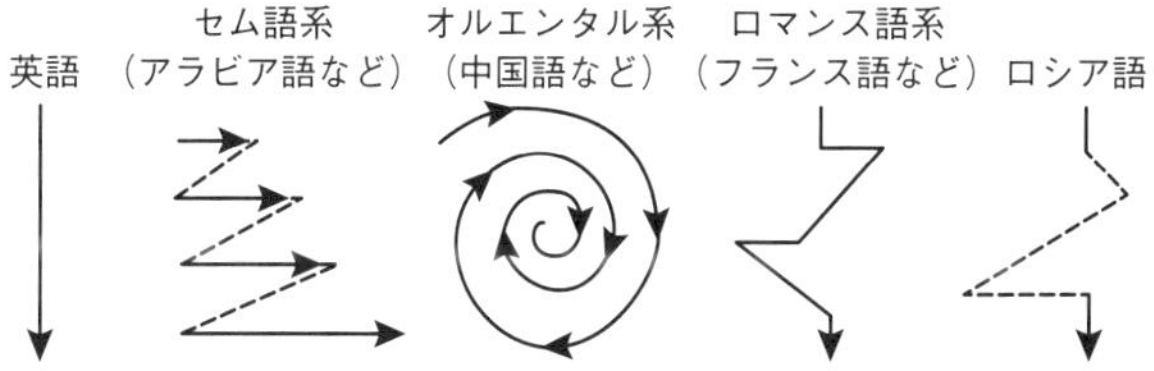

図4

（Kaplan 1966をもとに作成）

この類型は日本の英語教育の論文などでも紹介され、日本の英語学習者が英語で情報を発信する際、留意すべき点であるとされてきました。つまり、日本語を母語とする者が英語で話したり書いたりする時、母語の思考パターンを使ってしまうと英語ではわかりにくくなってしまうというわけです。

英語は論理的なことばであり、論点を始めからはっきりさせ単刀直入的な表現をするのに対して、日本語は回りくどく最後まで肝心な点を言わないというのは、英語教育関係者だけでなく一般にも広く信じられている見解だと言えるでしょう。この言語の独自性は、文化の独自性と相まって日本人論を形作っています。ここでは、まず、日本語は独特であるという議論に代表される日本人論について概観し、言語や文化の独自性が英語教育にどのように関わっているのか、探っていきたいと思います。

†日本語の独特さ

日本語による表現は独特なのでしょうか。この問題については、さまざまな論客が日本語の特徴を文化の特徴と重ね合わせて論じてきました。英語の表現や欧米の文化と対比されることも多いのですが、その中で、日本語によるコミュニケーションは一般に次のように説明されます。

控えめで奥ゆかしく、沈黙を重んじ、「出る釘は打たれる」ということわざがあるように、自己主張や意見の衝突を控える傾向がある。間接的な表現や、イエス・ノーをはっきり言わないあいまいな表現が好まれる。また、「腹芸」といった概念に代表されるように、ことばを介さない暗黙の理解が尊重される。さらに論理的な表現よりも感情に訴える傾向がある。このような文化は、島国の中で和の精神を重んじる集団主義にもとづいている。

それに対して、英語のコミュニケーションは次のように説明されます。

ことばを使って行なう積極的な自己主張や自己表現を重んじる。よって英語での討論では、黙っていると自分の意見がないという意味にとられる。また、主張は論理的に組み立てられ、直接的な表現が好まれる。したがってあいまいではなく、イエス・ノーをはっきり述べる傾向がある。これは、個の精神を尊重する個人主義によっている。

このように言語の特徴は文化の独自性に重ねて合わせながら、二項対立的に説明されてきました。このような文化差の説明は、先に紹介したカプランの比較修辞学に類似しています。

さらに、日本語のあいまい性と英語の明確性の違いに関する説明として、一九七六年にエドワード・ホールは「高コンテクスト」文化と「低コンテクスト」文化という概念を提唱しました。この分類によると、日本に代表される高コンテクスト文化では、単一民族的であるため、社会や対人間で情報や認識の共有率が高いので（コンテクスト、つまり文脈が共有されているので）、ことばによる明示的なコミュニケーションは不必要であり、論理より感情が意思疎通に働く。それに対して、米国に代表される低コンテクスト文化では、多民族国家のため情報がお互いに共有されているとは限らないので、言語を介して情報や意思を正確かつ論理的に伝える必要がある、とされています。

エドワード・ホールの研究は、異文化間コミュニケーションの学術研究の先がけとなりましたが、この概念が導入された時期、日本は、高度経済成長に伴い国際的経済活動が盛んになり、企業間の国際的交渉や交流の必要性が高まったころでした。実際、異文化間コミュニケーション研究は、このような国際ビジネスで必要な知識や能力を補うものとして登場したのです。そして、異文化間コミュニケーションの理論は、文化間の行動や意識の違いを明らかにして、商談などの場で誤解が起きないようにする目的がありました。このようにして、高コンテクスト文化と低コンテクスト文化のように、二項対立的な、あるいは類型的な文化の特徴が論じられたのです。

†日本人論

ちょうどそのころ、日本では、「日本人論」が盛んに論じられました。日本人の思考・行動様式・社会構造などに横たわる日本文化は、世界の中でも独特である、という考え方です。では、日本人論の興隆にはどのような時代背景があったのでしょうか。

一九六〇年代、日本経済は急速に成長しました。戦後わずか一〇年足らずで復興し、著しい経済発展を遂げたのです。日本内外の知識人たちはその成功要因を解明しようとしました。その中で注目されたのは、日本文化には独特さがあるという概念でした。日本の論客が出版したものとしては、中根千枝の『タテ社会の人間関係――単一社会の理論』(一九六七)、土居健郎の『「甘え」の構造』(一九七一)、角田忠信の『日本人の脳――脳の働きと東西の文化』(一九七八)などが代表的です。海外では米国の社会学者エズラ・ヴォーゲルの『ジャパン・アズ・ナンバーワン』(一九七九)、エドウィン・ライシャワーの『ザ・ジャパニーズ』(一九七九)などがあげられます。

これらの出版物の中では、日本人・日本社会・日本文化の特徴が語られました。その特徴をひとことで表現すると、集団主義志向を土台とした調和やコンセンサスの文化であり、杉本良夫ならびにロス・マオアが批判するように「日本中のどの個人、どの関係どの集団を取り出して見ても、こうしたパターンが存在している」と考えられました。杉本ならびにマオアは、この「日本人論」の傾向を「同質同調論」と名づけ、日本文化や日本人は、集団への忠誠を守り、その調和を維持するためには縦の忠誠関係を重んじる。そしてそれは、年功序列の習慣や敬語・丁寧語などの言語表現に表れている。またこれらの要因として、文化的・民族的な均一性が根底にあると考えられる、と論点を整理しています。

この日本文化・日本人独特説は政治にも利用されてきました。たとえば、一九八〇年代の対米貿易交渉では、交渉にあたった当時自民党総合農政調査会長の羽田孜《はたつとむ》が「日本人の腸はアメリカ人の腸より長いため日本で食肉消費を増やすのは難しい」と発言し牛肉の輸入に難色を示したとメディアで報道されました。また、民族の均一性については、多くの政治家、たとえば中曽根康弘・鈴木宗男・中山成彬《なりあき》などが「日本は単一民族の国である」という旨の発言をして、批判を受けてきました。

†日本人論への批判

日本人論に対しては、一九八〇年代から批判が向けられるようになりました。すでに紹介した杉本ならびにマオアをはじめ、ベフ・ハルミ、青木保、吉野耕作などが社会学や文化人類学の観点から同質同調論に疑問を投げかけました。

まず日本人論は、牛肉輸入に関する発言に見るように、事実にもとづいた議論より社会通念や希望的観測に訴える傾向があります。そして、個々の事象を精査してみると、文化的独自性の主張と矛盾する現象も見つかります。たとえば、日本人論は日本の戦後高度経済成長の要因として、終身雇用と年功序列制度をあげました。しかし、杉本ならびにマオアによると、当時の実証研究では若年層の労働者は流動性が高く、またその逆に勤続年数も欧米諸国と比較すると、一概に日本の方が長いとは言えない、と指摘しています。つまり、日本人論が推し進める日本文化独特論は、必ずしも事実にもとづかないということなのです。ここで、もう一例をあげたいと思います。

†学習態度の日米比較

英語教育において、英米中心主義が強い影響力を持っていることをこれまで見てきました。英米に目が向いているということは、英米を手本にしたいという願望があるということです。たとえば教育方法や学習への意欲に関しても、英語圏の方が日本より優れているという見方があります。とくに教室でのコミュニケーションに関しては、英語圏の学校では積極的な意見の交換が行なわれるのに対して、日本の教室では知識注入型の受身的指導方法や学習態度であるという見方です。これは、前述の「高コンテクスト」文化と「低コンテクスト」文化の違いにもつながるところがあります。

私は二〇〇〇年代のはじめに「日本の学校や大学では、学習者が学習に対して受け身の態度であるのに対して、米国の学習者は積極的に取り組む」というある意味での常識に注目しました。多くの英語で書かれた研究論文を読んでわかったことは、受け身で暗記中心の学習は米国でも長年解決すべき問題になっていたということです。

とくに一九八〇年代の米国では日本やヨーロッパとの経済競争が激しくなる中で、若者の学力低下問題が取りざたされるようになったのです。一九八三年に発表された『危機に立つ国家』という報告書を皮切りに、教育研究者たちが、米国の学校や大学の教室での研究調査を行ないました。その中で浮かび上がった米国の教室風景は、教師の一方的な知識伝達型教授法、ディスカッションよりもワークシートや教科書の多用、学習者たちの受け身の姿勢でした。もちろんステレオタイプ的な教室風景もありましたが、それは、比較的経済的に恵まれている学校やエリート校に限られていました。

その後、二〇〇二年には、「落ちこぼれ防止法」が制定され、新自由主義の成果主義にもとづいた教育改革が行なわれてきました。この改革の趣旨は、文字通りすべての生徒たちの学力を高めようとするものですが、その学力は一斉テストで測られ、学校の平均点のいかんによって、教師にボーナスが支給されたり、逆に学校への補助金が減らされたりしてきました。鈴木大裕《だいゆう》が『崩壊するアメリカの公教育――日本への警告』の中で指摘しているように、結果的にはテストの点数を上げるためのテクニックが重視され、テスト中心主義の風潮が広まっています。

ひるがえって日本ではどうでしょうか。米国と同様、長年にわたりテスト中心主義の教育が行なわれてきました。さらに現在はグローバル化のもとでTOEICなどの言語テストへの依存度が高まっています。このようにみると、競争・数値主義は国境を越えて蔓延していると考えられます。これは幻想7で触れる新自由主義化的教育観にもとづく傾向であるとも言えます。

このように、文化間やそれに伴う言語間の二項対立的差異を強調する考えは、観念論的傾向が強く、実証研究で証明できる事実であるとは必ずしも言えません。

†日本文化の多様性と流動性

日本人論は「日本＝日本文化」というように国民国家の文化を一括りにしがちです。ところが、日本文化といっても、実際にはさまざまな点で多様性があります。たとえば食文化を考えてみると、北は北海道から南は沖縄まで、さまざまな食材・調理法・食べ方などがあります。正月の代表的料理であるお雑煮も、各地にさまざまなレシピがある一方で、沖縄には伝統的にはお雑煮を食べる習慣がありません。沖縄は琉球王国の流れをくむので本土の文化とは違う、という意見もあるでしょう。しかし、日本文化を国民国家と結びつける構図では、沖縄が日本の一部である限り沖縄を日本文化の定義から排除できないはずです。

食文化の他にも、地域の慣習など所変われば品変わるというように、多様性が存在します。もちろん言語もそうです。所変われば方言も変わります。明治維新後には国民国家の近代化が進み、その中で言語の統一が国力を高めるひとつの目安になっていきました。そこでとくに教育を通じて方言は標準語に置き換えられていきましたが、日常生活ではいまだに地域のことばが生きています。言語の多様性に関しては、幻想1で英語を取り上げて論じましたが、日本語も同様です。

また、文化は生き物です。時代とともに変化していきます。もちろん伝統的な宮廷行事など、変化の少ないものもあるでしょうが、それは、保存・継承の努力があるからです。私たちの生活の基本をなす衣食住は時代とともに変化してきています。また、言語も同様です。つまり、おのおのの文化は多様性を含み、時とともに変化しているのです。

それにもかかわらず、文化を単一的で画一的なものとしてとらえようとする傾向は文化のステレオタイプを生み出し、「本質主義」を助長します。のちにもう少し詳しく述べますが、先にも触れたように「本質主義」はある集団の特徴を固定的にとらえてその本質は不変だとみなす考えです。これはすでに述べてきた標準英語にも当てはまりますし、人種・ジェンダー・セクシュアリティを考えるときにも当てはまる概念です。

†イデオロギーとしての文化

文化は多様で動的であるにもかかわらず、文化をひとつの枠組みに規定し固定化しようという政策の動きもあります。

少し前の話になりますが、二〇〇七年に農林水産省が「日本食レストランの認証制度を創設するための有識者会議」を設置しました。これは海外で、「本来の日本食とかけ離れた食事を提供しているレストランも多く見受けられる」ことから、「日本の正しい食文化の普及」を目的としたものでした。結局は国内外の反発を受け、この構想は頓挫しました。

世界のほかの地域にも「正しい食文化」があると仮定すると、日本で食べるカレー、パスタはインドやイタリアのものから明らかにかけ離れています。そもそも大衆食文化に「正しい」ものがあるのかはたいへん疑わしいと言わざるを得ませんが、注目したい点は、ここに良し悪しの価値判断が横たわっていることです。

しかしその後、日本の食文化における多様性が多少加味された形で、二〇一三年には「和食、日本人の伝統的な食文化」がユネスコ無形文化遺産に登録されました。ここで特徴づけられているのは、地域にねざす多様な食材や、自然の美しさや四季の移ろいを表す食文化、などです。四季があるのは日本だけではありませんし、日本の自然の美しさは、度重なる自然破壊、最近では福島第一原子力発電所の事故や沖縄の新基地建設などで失われつつあります。しかし、そのような矛盾した事実は無視され、日本文化の独特さに関する言説だけが、私たちの意識に刷り込まれていきます。

このように見ていくと、私たちが考える日本文化あるいは文化という概念がイメージするものは、たいてい多数者あるいは権力者がお墨付きを与える理想像であり、その文化のごく一部を代表しているにすぎない可能性が高いのです。それにもかかわらず、全国津々浦々の多くの住民が日本人・日本文化というアイデンティティを共有しています。米国の政治学者ベネディクト・アンダーソンはこれを「想像の共同体」と呼び近代国家のナショナリズム構築の枠組みとして概念化しています。

そして日本人論がかかげる「日本人は〜である」という説が定着するとともに「日本人は〜すべきである」という規範に変わることで「日本人は〜である」説を追認してしまっている可能性もあります。たとえば、「日本はグループ主義だ」という説が広まると、日本人みずからがそれを信じこみ、それに合わせて行動するようになる、と杉本ならびにマオアは論じています。

また吉野耕作は、日本文化の独自性が知識人やビジネスエリートに消費され、結果的にはそれが再生産されていく中で文化ナショナリズムが構築されていくとしています。

このように日本人・日本文化の特徴が規定されると、おのずから英語学習者も「日本文化」を英語で発信しようとしたり奨励されたりします。これは、幻想4で触れた、一九三〇年代のラジオ英会話講座で日本文化を世界に向けて発信しようとしたこととも重なります。さらに二〇二〇年東京五輪大会に向けて東京都では独自の言語教材を作って、日本・東京そしてその文化を英語や日本語で説明できるようにする動きが進んでいます。

外国語での「文化の発信」に弊害があるとは一概には言えません。文化を本質主義的にとらえて画一的・固定的なものとして見るか、それとも多様性・流動性のあるものととらえるかで、そのアプローチや態度はおのずから変わってくるでしょう。

†英語文化圏の思考パターンは直線的論理か

ここまで日本人論に代表される文化のとらえ方について見てきましたが、ここで、この章の冒頭にあげた比較修辞学に立ちもどって考えます。

まず、英語圏の文化に代表される思考パターンは直線的論理であるという主張です。これは、英語圏の国の学校で学ぶいわゆる五段落エッセイを指すことが多いと言えます。五段落エッセイとは、大まかにはこのような構成になっています。

第1段落　　　　　　テーマを導入し、意見や主張を述べる
第2・3・4段落　　意見・主張の根拠や理由を三点に分けて述べる
第5段落　　　　　　意見や主張を繰り返し述べ、結論で結ぶ

しかし幻想1で見たように、標準英語の文章といってもさまざまなジャンルがあります。学術論文やレポートだけでなく、新聞記事・フィクション（小説など）・ノンフィクションなど多様なものが存在します。また、新聞だけをとっても、ニュース記事・評論・社

説・投書などさまざまな文章があります。それらすべてに直線的論理が使われているという認識は疑わしいと言えます。

北米の学校で使われる教科書でもそうです。私はリン・シと共同研究を行ない、米国とカナダの中学校レベルで使われる英語（日本でいう国語に相当）の教科書に掲載されている意見文の分析をしました。その結果、主題は必ずしも意見文の序論で述べられているわけではなく、文章の中間部もしくは最後で述べられているものも相当数ありました。主張したいことを最後に持ってくるのは帰納的修辞法で、五段落エッセイに見られる演繹的修辞法と対比されます。実は、これも有効な英作文の手法なのです。

また、北米の大学教育では、この五段落エッセイは独創性や新鮮味に欠ける陳腐な書き方であるとされ、使用しないように指導されている傾向があるのです。先に述べたように、とくに米国の初等中等教育ではテスト主義に走っており、エリート校以外では紋切り型の五段落エッセイの書き方が習得できるよう指導される傾向にありますが、大学における作文教育では逆で、このパターンは独創性のある高度な思考活動を削ぐものとして敬遠されているのです。

もちろん定型パターンがあれば教える側も学ぶ側も、そして評価する側も楽です。しかし、世界に誇れる高いレベルの「思考力・判断力・表現力」を身につけるためには、このような画一的な方法だけに頼らず、もっと自由な思考や表現も奨励した方が効果的であると言えます。

比較修辞学と本質主義

このように見ると、【図4】に示した思考パターンの文化差は、必ずしも事実にもとづいているとは限らない点、そして、規範主義におちいってしまっている点で、日本人論と類似しています。

さらに、幻想1で見たように、世界には英語といってもさまざまな変種があります。それをひとからげにして、英語文化の特徴はこの五段落エッセイに見られる直線的論理だと言えるのでしょうか。実は、この直線的論理とはアメリカ・イギリス標準英語、それもおもに学校で学ぶパターンを指していることがわかります。これは、日本文化の特徴が日本の多数者の期待を代表しているのと重なります。

また、すべての英語のネイティブスピーカーが直線的論理を使って文章を書くわけではありません。すでに述べたように「読み書き」という作業は、意識的に学習し習得するものです。直線的論理を使う訓練を十分にしていなければ、英語のネイティブスピーカーであっても直線的に文章を書くことはできません。

私が比較修辞学研究の主流理論に疑問を感じたのは、米国の大学生・大学院生に日本語を教え始めたときでした。日本語で作文を書かせたところ、論理がわかりづらいものや、結論のない文章がかなりありました。

そこから研究を進めていくと、外国語で作文するという作業には、母語での作文力や外国語の運用能力、さらに意識的に選ぶ文章構成など、さまざまな要素がからみ合っていることがわかりました。結局、母語で上手な文章が書けなければ、外国語でもできないし、母語でいくら上手に書けても、基本的な語彙や文法の外国語力が欠けていれば、うまく書けないわけです。

したがって、日本人の書く英語は論理的でない、という短絡的な主張は正しくないのです。とくに、グローバル化が進みことばや情報が世界的に共有されている今日、多くの文章ジャンルで修辞の文化差が縮まっています。たとえば、学術論文などは日本語でも英語でも論理的に構成することが求められます。そのような文章を書く訓練をしていなければ、日本語話者であっても英語話者であっても効果的な文章は書けません。

また、【図4】で見たように、従来の比較修辞学研究では、英語は直線的論理、アジア言語はらせん状の論理、スペイン語などのラテン語系は脱線の論理、アラビア語などのセム語系は並列的論理、というふうに特徴づけられています。そこでは、個々の言語圏の文化は本質化され、ステレオタイプ的にとらえられています。さらに、異なる文化・言語に優劣の価値観が投影されているのではないでしょうか。つまり、英語と英語が代表する文化は、他言語と他文化より優れているという序列化です。

これは、植民地主義における宗主国と植民地との権力関係を想起させます。つまり支配と従属のイデオロギーを踏襲していると言えるでしょう。この点については、批判的応用言語学を提唱するアラステア・ペニクックなどが指摘しています。

†ポストモダニズムから見た文化

ふたつの異なる文化や言語にある差異を二項対立的にとらえる見方は、ポストモダン的観点からも疑問視されています。英語教育の研究分野である応用言語学では一九九〇年代から、従来の科学的実証主義や規範主義を見直し、ことば・文化・アイデンティティなどを多元的・流動的にとらえようとする研究が盛んになりました。また、個人間・集団間の差異は本質的に存在するものではなく、権力関係が織りなす言説による構築物であるというポスト構造主義的考え方も紹介されるようになりました。

前述の植民地主義的な権力関係に対する批判はポストコロニアル理論にもとづく異議申し立てでもあります。ポストコロニアル理論の代表的研究者のエドワード・サイードは

『オリエンタリズム』の中で、ヨーロッパとは正反対のオリエントというイメージが、植民地主義時代に文学や旅行記などを通して作り上げられたと論じています。そこでは、「遅れた前近代的なオリエント」に対して、「文明的に進んだヨーロッパ」という固定観念が、不平等な権力関係の中で生み出されてしまったのです。サイードは、ポスト構造主義の概念を用いて、文化の差異をディスコース（言説）による構築物としてとらえました。

この「言説による文化差の構築」という概念を使うと、比較修辞学の通説——英語の思考パターンは直線的論理であるのに対して、日本語はらせん式であいまいな論理である——も、さまざまな研究論文などの言説で作り上げられた二項対立であると考えられます。さらに、ポストコロニアル理論からは、「進んだ英語文化」に対する「遅れた日本語文化」という権力関係にも気づくことができます。そして、このような優劣関係は、「英語的表現方法」の習得に願望を抱くことにつながるのです。

さらに、日本人論も、さまざまな著作やビジネス人のための異文化マニュアルなどによって作り上げられた言説であると言えます。欧米文化と比べた日本文化の独特さは日本文化の美化として投影され、文化ナショナリズムを形作っています。これは、日本の立場を欧米と同等にしようとする権力のせめぎ合いともとれます。

このような本質化された二項対立的文化観に対抗して、ポストモダン的文化観は、文化の中の多様性や流動性に着目し、固定化された価値観や見方にとらわれない文化・言語認識を提唱します。さらに、既存の権力関係を疑問視し、従来の規範から疎外されている文化・言語・人間集団に新たな肯定的な意味づけをします。

†英語帝国主義批判と日本文化の美化

文化間や言語間には不平等な権力関係が存在しています。そしてその権力構造はヘゲモニー、つまり被支配者の支配に対する合意をもとにした覇権に支えられていると言えます。日本人の英語学習が欧米中心主義にかたよっていることや日米同盟を軸にした英語教育は、その例です。それと同時に、その抵抗として文化ナショナリズムが生み出され、本質化された日本文化を美化しています。この構図は、英語教育政策にも表れています。

しかし、世界における英語支配に対する批判もあります。英語が持つ絶大なる権力は世界の言語平等主義を阻害しているという批判です。一九九〇年代から英語帝国主義に異議を唱えてきたのは、応用言語学者のロバート・フィリプソンやトーヴェ・スクトナブ・カンガスらでした。

メディア・教育・学問・ビジネス・政治などあらゆる分野で英語の国際支配は明らかです。多くの少数言語も英語に駆逐されていると言われています。永井忠孝は『英語の害毒』の中で、アラスカのエスキモー語が英語にとって代わられ、言語のみでなく文化も消滅している状況を指摘しています。

日本でも津田幸男などを中心に、英語帝国主義批判が盛んに議論された時期がありました。しかし、英語帝国主義支配に対する反動が日本文化や日本語の美化になってしまった面もあります。つまり、英語至上主義を乗り越えて、英語帝国主義にさいなまれている日本語や日本文化の主権を復活させよう、という主張です。

これは一見、ポストコロニアル運動の流れのように見えます。たとえば、旧植民地国家や先住民族が主権回復を目指すアイデンティティ・ポリティクスに見られる視点です。しかし、アジアに対して植民地支配と武力行使を行なった日本の歴史と、その歴史認識の欠如を考えると、日本の美化は支配からの解放というより、復古主義的ナショナリズムの意味合いが強くなってしまっていると言えるでしょう。

†4Dアプローチ

本章は、それぞれの国や文化や言語には独特さがあるのかというテーマを立てました。独特さがある、というのは、国家・文化・言語間に明らかな違いがあるということであり、その違いは客観的な事実であるととらえられがちです。しかし、実際に観察や研究をしてみると、一概にはそうとも言えないことがわかります。また、言語教育の中でよく語られる文化理解あるいは文化という概念には、複雑なイデオロギーや権力関係が作用していることにも注意する必要があるでしょう。

では、文化理解について外国語学習者や教師はどのように取り組んだらいいのでしょうか。私は、４Ｄアプローチを提唱しています。それは、Descriptive (understanding), Diversity, Dynamic (nature), Discursive (construction) の頭文字をとったものです。

まず、Descriptive (understanding) とは、文化の「記述的な理解」をさします。文化を既存知識の枠組みから理解するのではなく、実際の人びとの行動や社会の仕組みを観察して理解するというプロセスです。たとえば、英語の文章には実際に直線的論理が見られるのか、いろいろな文章を分析してみることも有効でしょう。日本語では、敬語や女性・男性語に注目して、いつ・どこで・だれが・どのように使用するのかを観察するのもおもしろい研究です。岡本成子《しげこ》らが指摘しているように、方言に加えて、話者と聞き手の社会的地位や場面などにより規範からはずれた言語使用が見られるでしょう。

次にDiversityは「多様性」です。すでに述べてきたように、文化や言語にはあらゆる多様さがあります。ある文化事象に関して、地域・年齢・民族・社会的地位などによる多様性を観察する必要があります。すでに触れた「食」文化や地域の祭りはおもしろいテーマでしょう。

Dynamic（nature）は、文化や言語の「流動性」です。文化や言語はつねに変化しています。歴史学者のエリック・ホブズボームとテレンス・レンジャーは、『創られた伝統』の中で、何百年も続いている伝統と思われているものの中にも、実は近代国家によって創られたものがあることを指摘しています。日本の神前結婚もそのひとつで、まだ百年ほどの歴史しかありません。

最後のDiscursive（construction）は、文化の特徴づけは客観的事実というより「言説による構築物」であるという見方です。たとえば戦後盛んになった日本人論は、戦後日本の経済的躍進を背景に、その原因や日本式ビジネスの説明として広まりました。知識人が書いた著書や異文化理解のビジネスマニュアルが媒介になったのです。文化は××であると読んだり聞いたりした場合、それが事実なのかどうか見極めるためのクリティカルなリテラシー能力が必要でしょう。

幻想6

英語ができれば世界中だれとでも意思疎通できる

英語はグローバル言語であり、英語を習得すれば世界の人びとと意思疎通ができる、という議論はいわば常識となっています。外国語教育政策でも、この前提は繰り返し提示されています。

たとえば、二〇〇三年に、文部科学省は「「英語が使える日本人」の育成のための行動計画」を発表し、大学センター入試へのリスニング試験導入や小学校での外国語（英語）活動の支援、スーパー・イングリッシュ・ランゲージ・ハイスクール（SELHi）の事業などを提言しました。「行動計画」の前文は、グローバル化が進展し国際的な相互依存の関係が深まっていることを踏まえ、このように訴えています。

このような状況の中、英語は母語の異なる人々のあいだをつなぐ国際的共通語として最も中心的な役割を果たしており、子どもたちが二一世紀を生き抜くためには、国際的共通語としての英語のコミュニケーション能力を身に付けることが不可欠です。

また、その約十年後、二〇一四年に発表された「英語教育の在り方に関する有識者会議」の報告書「今後の英語教育の改善・充実方策について　報告〜グローバル化に対応した英語教育改革の五つの提言〜」にもその考えが踏襲されています。

これからは、国民一人一人にとって、異文化理解や異文化コミュニケーションはますます重要になる。その際に、国際共通語である英語力の向上は日本の将来にとって不可欠であり、アジアの中でトップクラスの英語力を目指すべきである。（中略）

もちろん、社会のグローバル化の進展への対応は、英語さえ習得すればよいということではない。我が国の歴史・文化等の教養とともに、思考力・判断力・表現力等を備えることにより、情報や考えなどを積極的に発信し、相手とのコミュケーション（ママ）ができなければならない。

英語だけでは不十分であり、日本の歴史や文化の知識ならびに思考力などを兼ね備えなければならないとしています。しかしここでは、異文化間コミュニケーションをする言語能力は英語で十分だという暗黙の理解があります。本当にそうなのでしょうか。本章では、この疑問に答えるために私が行なった日系企業の海外駐在員のインタビュー調査をもとに検証していきます。

†世界の英語人口はどれくらい？

まず、世界で英語を使う人口はどのくらいなのでしょうか。ブリティッシュ・カウンシルの研究員であるデイビッド・グラッドルが二〇〇六年に発表したレポートによると、英語を話すのは世界人口の四分の一程度です。この割合を多いと見るか少ないと見るかは、人それぞれの判断でしょう。しかしこれを裏返せば、世界人口の四分の三は母語としても第二言語としても英語を話さないことを意味します。世界の中で英語を話さない人の数の方が話す人の数より多いのに、「英語は国際共通語である」という言説に駆り立てられるように英語教育が推進されています。

この事実について興味深いエピソードがあります。二〇二〇年の東京五輪開催が決まったのち、二〇一四年に当時の舛添要一東京都知事がロシアのソチ冬季五輪の視察に出かけ、帰国後に行なわれた定例記者会見中に次のように述べました。

それから、困ったのは、ほんとにロシア語しか通じません。普通、私たちが知らない国に行って、お土産物を買いに行ったら、ワン、ツー、スリーぐらいは普通は言えるはずなんで（中略）とにかくロシア語以外は全くだめだという状況なんで、これはやっぱり日本で同じことがあって、日本語以外、全くだめだったらどうしようもないんで、前から言ってますように、ボランティアの通訳というようなことも、英会話教室みたいなことをやるということがいいことだと思います。

ソチ五輪でロシア語しか通じなかったので、東京五輪では英語が通じるようにしなければならない、という内容です。ところがよく考えてみると、ソチから東京へオリンピック観戦にくるロシア人はロシア語しかできない可能性があります。その対策はどうするのでしょうか。ロシア人にも英語を習えというのでしょうか。

この発言が何の疑問もなく受け入れられる背景には、実際に相手が英語を話すかどうかにかかわらず「英語は国際共通語であるのでだれもが習得すべきだ」というおかしな論理があるのです。英語の国際共通語言説を無批判に受け入れるのではなく、国際コミュニケーションを推進するにはどうしたらいいのか、考え直す必要があるのではないでしょうか。

†英語はだれが使うのか

世界にいる英語の話者といってもさまざまです。幻想1で、中心円以外の英語話者の方が中心円の話者の数より多いことに触れました。英語の非母語話者の方が母語話者より圧倒的に数は多いのです。さらに、外周円と拡張円の国々において英語の使える人びとは、教育程度が高い傾向にあると考えられます。

最近は、世界的に英語媒介の学校・大学・プログラムなどが増えてきました。このような教育機会に恵まれているのは、ある程度経済力を持った家庭の子どもたちや若者たちであると考えられます。そのような出身者は日本の内外を問わず、比較的安定した職業につくでしょう。中には海外とつながりのある企業などで働く場合もあります。それらの人びとにとって英語力は必要になるでしょう。つまり、英語が国際共通語であるので英語力をつけるのは不可欠だ、というのは多くの場合、社会の比較的上層部の人間に当てはまる話です。裏を返せば、日本で英語を日常的に使う人の数は限られていると言えます。

この点について、寺沢拓敬《たくのり》は『「日本人と英語」の社会学——なぜ英語教育論は誤解だらけなのか』という本の中で、いくつかの社会調査の結果を分析して検証しています。まず、二〇〇二年と二〇〇三年を合わせたデータでは、仕事でよく使う、あるいはときどき使うとの回答は非就労者も含めると、全体の六パーセントにすぎませんでした。二〇〇六年と二〇一〇年のデータでも過去一年間に英語を仕事で使ったことのある割合は一二・四パーセントでした。

両者のデータとも、目的別では、趣味・娯楽で使った割合が一番多かったのですが、どの目的でも英語はほとんど使わない、あるいはまったく使ったことがない割合も半数以上でした。二〇一一年に成毛眞《なるけ》が、日本人の9割に（ビジネス目的では）英語はいらないと主張しましたが、これもあながちはずれてはいないわけです。

それでは、世界に展開しているビジネスの場合、国際共通語の英語さえできればコミュニケーションの点で十分なのでしょうか。前述の有識者会議の報告書では、英語力のみでは足らず、「我が国の歴史・文化等の教養とともに、思考力・判断力・表現力等を備える」ことが必要だとしていますが、英語以外の言語については触れていません。英語と日本文化さえわかれば事足りるのかどうか、検証してみる必要があります。

私は数年前から、海外に現地法人を持つ日系企業の日本人駐在員あるいは駐在経験者を対象に、職場での言語選択とコミュニケーションについてインタビュー調査を行なってきました。ここではその結果を紹介しながら、「英語（のみ）＝国際語」の幻想について考えてみます。

†海外駐在員の言語選択

この調査研究では、製造業に焦点を絞りました。それは、海外展開している日系ビジネスの中でも製造業は企業数が多いことと、製造業の場合、生産から販売まで幅広い業務におけるコミュニケーションについて調査できると考えたからです。

海外駐在員の言語使用は、派遣先によっても異なってきます。もちろん北米などの中心円の国々、あるいはシンガポール・インドなど外周円の国々の職場では、一般的に英語が使われるでしょう。それでは、拡張円の国々はどうなのでしょうか。

幻想1で触れたELFの研究では、英語ノンネイティブスピーカー同士のコミュニケーションに焦点が置かれていました。したがって拡張円の国々では、日本人駐在員と現地社員とがノンネイティブ同士で英語を使う可能性が考えられます。しかし、実際にそうなのでしょうか。

そこで、この研究では、アジアの非英語圏、とくに中国・韓国・タイに焦点を絞りました。方法としては、これらの国に駐在している、あるいは駐在した経験のある日本人社員を対象に二〇一〇年から二〇一六年にかけて、日本あるいは現地でインタビューしました。インタビューでは、仕事を遂行するためにどの言語を使用しているのか、コミュニケーションに関してどのような体験をしているのか、そして、国際社会で働くにはどのような能力・資質・態度が必要だと思うのかについて質問しました。

協力者の確保には苦心しました。とくに企業との個人的つながりがなかったからです。そのため、多くの場合、企業に直接問い合わせて協力をお願いしました。インタビュー対象者は、企業で対応してくださった担当者から紹介していただき、多くは職場（日本本社もしくは海外の現地法人）でインタビューしました。このような理由により、インタビュー・データは、企業側の望ましい見解が反映している可能性が高いことを断っておきます。

インタビューは総計約三五名に行ないました。年代はほとんどが二十代から五十代まででしたが、中には六十代の定年退職者も含まれました。そしてそのうちほとんどは男性で、女性は三名のみでした。多くの製造業では一般的に男性社員が多く、そのため海外駐在員もほとんど男性でした。

北村文《あや》の『英語は女性を救うのか』という本の題名でも問題提起されているように、女性が英語を学べばキャリアに有利だという言説がありますが、前述の寺沢拓敬による研究でも、仕事で英語を使うのは男性の方が多いことが推測されています。

対象にした三カ国はすべて非英語圏ですが、さまざまな点で違いがあります。インタビューの結果、言語選択に関して国によって一定の傾向は見られましたが、どの言語が業務の媒介として選択されるかは、いくつかの要因によって左右されます。○○国であれば、××語を使う、とは簡単に言いきれないのです。

これは、英語圏でも同じで、北米であればつねに英語を使うとは限りません。たとえばこの調査の分析対象ではありませんが、日系商社に勤めオーストラリアに駐在している男性からも体験談を聞く機会がありました。現地採用の社員は全員英語のネイティブスピーカーであるとは限りませんでした。英語以外のことばを話す社員同士の場合、全体ミーティングを除いては母語でやりとりしているということでした。その方が効率がよいのです。

それでは次に言語選択を左右する要因を説明します。

†言語選択を左右する要因

ここでは四つの要因をあげます。第一に「ローカル要因」です。たとえば日本語のできる現地採用社員が多く存在するかどうか、また、それ以前の問題として、その国に日本語教育がどれくらい浸透しているかという背景があります。現地社員の言語能力の問題は、日本語のみならず英語にも当てはまります。英語教育は全世界に波及しているので、いずれの国でもある程度英語のできる現地社員を確保することはできるでしょう。ただ、その英語力レベルの高低はコミュニケーションに影響を及ぼします。

第二に「業務の種類」です。海外の職場にいても、他の日本人駐在員や出向者とのやりとりが多かったり、日本の本社との連絡がおもな仕事であったりした場合、駐在員のコミュニケーションは日本語がメインとなります。それに対して、現地で生産した製品を地域の国々に出荷・販売したりする場合、英語が必要になるでしょう。その一方、現地の顧客に製品を販売したり、修理などの製品サービスを行なったりする場合、現地語が必要になってくる場合が増えます。さらに、工場で現地ワーカーの指導監督をする場合は、現地語の必要性がさらに高まります。中国での駐在経験のある社員は、「我々の機械が稼働する現場に近ければ近いほど、そのローカルのことばが必要になってくるというふうに考えていただいて結構かと思います」と語りました。

第三に、各駐在員の「個人的要因」があげられます。これには、個人の語学力や多言語の対する姿勢が含まれます。たとえば現地語を使おうとしても、現地語の能力がなければ、日本語あるいは英語を使用するか、または通訳に頼ることになります。

こんな例もありました。シンガポールから中国に転勤となると、英語環境から中国語環境に移るわけですが、そこで、英語に慣れてしまっていると中国語環境でも英語に頼ろうとしてしまう、逆に英語がそれほどできないまま日本から中国へ派遣された駐在員は、中国語がうまくなる、というのです。

同様に、タイ駐在の社員によると、TOEIC「二百何点でした」という同僚がタイに派遣されてきましたが、その同僚は今ではタイ語がペラペラになり、タイ人のスタッフを同伴せずひとりで営業を行なっているとのことでした。駐在員それぞれには個性があり、意欲の度合いにも差があり、それによってことばの選択は異なってきます。

第四に「言語的要因」があります。たとえば、中国語と日本語は漢字を共有しています。よって、話が通じないとき、筆談、つまり漢字を書いて意思疎通をすることもできます。または漢字を見て文章の内容を推測することもできます。ところがタイ語となると表記がまったく異なる上、文法・発音・語彙も日本語と重なるところはありません。タイ人も日本語ができないとなると、英語に頼らざるを得なくなります。

それでは次に三カ国での言語選択について考察します。

†中国の場合

中国は日系企業の現地法人数が多く、二〇一五年度実績について経済産業省が行なった現地法人数の調査によると、香港を含める中国はトップで、全地域の三一・三パーセントを占めています。ちなみに中国を含むアジアは全体の六六・七パーセントで、北米の一三パーセント、欧州の一一・七パーセントを大きく引き離しています。

それでは、中国に駐在経験のある日本人社員はどのようなコミュニケーション体験をしていたのでしょうか。インタビューしたのは四社、一一名でした。言語選択に関してはおもに日本語・中国語・英語のいずれかを使ったという回答がほぼ同数でした。また、場面や相手によっても言語選択は異なり、ミックスして使ったという回答もありました。

中国では英語教育が日本以上に盛んです。英語を使う中国人スタッフがいることも事実ですし、業務によっては中国国外とのやりとりが多い場合、英語を使う頻度が増えます。しかし、実は日本語のできるスタッフがかなり職場に存在し、駐在員が日本語で仕事ができるのです。

そして、これは本調査のすべての国の駐在員に当てはまりますが、滞在国のことばは多少なりとも使えるようになるということでした。さらに、滞在中にハプニングや印象に残った体験を通して、現地語学習の必要性や有用性を実感するケースがありました。

たとえば　中国・香港・台湾に駐在経験のある女性社員は、中国語圏で仕事をするには、日本語に近い言語である北京語（標準中国語）ができた方が「断然世界は広がるなって気はしますね」と語りました。この社員が北京語の必要性を実感したのは、「タクシーに三日連続で乗って、三日連続、違うとこ連れて行かれた」ことがきっかけでした。社長など上級の役職でないと通訳はつかないので、現地のことばができなければまず生活ができないとのことでした。

英語をおもに使ったという社員の一人は、現地社員の中には英語より日本語の方が得意な者もいたし、英語も日本語もできない者もいたので、状況によっては中国語を使うこともあったと回顧しました。

基本的に日本語を使用したという駐在員たちの場合は、やはり日本語能力の高い中国人がいたからというのがおもな理由でした。そのうちのひとりは大学時代に中国に留学した経験があり、中国語が話せましたが、日本語のできる中国人スタッフがいたため日本語のみを使ったと回答しました。

中国語をおもに使った駐在員の中には、本社から中国の大学に約一年間語学研修に派遣された社員もいました。もうひとりは、最初中国的職場環境に否定的な態度で接してきましたが、先輩の積極的な姿勢から刺激を受け、中国語を習い始めて、帰国前には口頭コミュニケーションの六割ほどは中国語で行なうようになったと語りました。

このように、中国では使用言語が業務・相手・個人的要因によって異なりましたが、英語一辺倒ではなかったことは確かでした。

†タイの場合

タイ語は日本語とかけ離れています。また、タイでは中国ほど日本語教育が広まっていないので、日本語が堪能な現地のオフィス・スタッフはほとんどいないようでした。このこともあって、インタビューした一二名の駐在員の多くは日本人と日本語で仕事をするとき以外は、英語をおもに使っていました。

なお、本調査では日本人駐在のほかに、現地スタッフへのインタビューも行ないました。日本語もしくは英語でインタビューしたいという意向を伝えたところ、中国と韓国では現地採用社員がすべて日本語で対応してくれましたが、タイでは、全員英語での対応でした。これも、日本語の普及状況と英語使用との反比例の構図を表しているといっていいでしょう。

タイに限らず、他国の場合にも当てはまりますが、英語を使うといっても、オフィスの一般業務において日常必要な能力はそれほど高い英語力を必要としません。というのも仕事内容はある程度パターン化されており予測できるからです。

たとえば、経理担当の社員によると、「アカウンティングなので、基本的に使う単語は似たような単語しか使わない」のです。その上で、通じない時は紙に書いたりフローチャートなどを見ながら説明したりすると述べました。このようなコミュニケーション・ストラテジーは大変重要な手段であることがインタビューを通じて浮かび上がりました。この点については、次の章でもう少し詳しく述べることにします。

また、基本的には英語を使うとしても、英語を使う現地の相手は、マネージャーや係長クラス級に限られていました。それ以下のオペレーターなどになると、英語がわからない者もいるので、タイ語でコミュニケーションをとるようにしているということでした。

さらにこれもタイに限りませんが、現地社員にとっても英語は母語ではないので、お互い完璧に伝え合うことができないというジレンマを抱えていました。これは、幻想1で触れたＥＬＦの性質を表しています。そこで、ここでもストラテジーが大切になってきます。

タイの職場での英語使用の割合は中国の場合より高かったのですが、日本語をおもに使ったという社員が三名いました。ひとりは現地法人の社長で、日本とのコミュニケーションが多いので日本語使用が七割ぐらいだが、それ以外は英語と回答しました。もうひとりは工場立ち上げの時から赴任した社員でしたが、タイ人の日本語通訳がついていたので、英語やタイ語は必要なかったと言います。それでもこの社員はタイ語を習いました。赴任して半年後、結婚式のスピーチを引き受けることになり、原稿をタイ語に翻訳してもらって、それを覚えて五分間ぐらい話したというエピソードを話してくれました。

もうひとり日本語を使った社員は高卒の技術職で、タイ赴任直前には中国で七年半働いていました。前述のように、工場に勤務する技術職の社員は、現地語の力が必要になってきます。現地工場ワーカーはオフィスワーカーと異なり、日本語も英語もほとんどできないからです。中国駐在中は、中国語でやりとりできるようになったのですが、タイでは、中国語とタイ語の音声が頭の中で混乱してしまい、駐在期間が三年と短いこともあって、タイ語はなかなか習得できなかったと語りました。結局は通訳を介したと言います。

ちなみに、タイにある日系製造業企業は、取引先が日系企業という場合も多いそうです。つまりタイ工場で生産した製品を、タイにある日系企業に売り込んだり買いとったりという形なのです。そうなると、海外にいても日本語を使って取引することになります。

さらに、タイ語もかなり使ったという社員が二名いましたが、タイ語・英語・日本語を場面に応じて混ぜて使っていたということでした。ふたりとも工場勤務で、ひとりは製造マネージャーでした。この社員は赴任当初はタイ語の能力がゼロでしたが、ある程度現場の指示ができるところまでは、タイ語で聞く・話すことができた、と語りました。もうひとりは、工場の在庫管理と製品の出荷を担当している社員で、一般に英語でも十分通じるのではないかとコメントしたものの、職場での会話は英語とタイ語を混ぜて話すが、基本的にはタイ語で行なっていると語りました。ただ、このふたりとも、読み書きのコミュニケーションは英語だったと言います。

まとめると、タイでは、英語に依存する傾向がありましたが、それでも、職場の中ではタイ語と英語を駆使してコミュニケーションをとるようすがうかがえました。

†韓国の場合

韓国は日本と同様、あるいは日本以上に英語熱が高い国です。岩渕秀樹が指摘しているように、就職の際には自己の学歴・成績・留学歴・TOEICの点数などを総合した「スペック」と呼ばれる総合的能力や経験が重要視されます。中流家庭では、子どもが母親同伴で英語圏の国に留学することも盛んで、家族が一年に一、二回再会するために雁のように海を越え移動することから「雁家族」とも呼ばれています。

このような事情を鑑みると、職場でも英語が使われているのではないかと予測できます。しかし、インタビューに応じてくれた一二名のうち全員が、日本語をおもに使ったと語りました。ひとりは、エンジニアで工場勤務でしたが、それでも、現地のメンバーで日本語ができる者がいたので、九八パーセントは日本語で、あとはあいさつ程度の韓国語だったと回顧しました。もうひとり、技術職の駐在員がいましたが、こちらも日本語のできる現地社員がいたので、日本語で対応していたということでした。

駐在員がすべて日本語を使っていた理由は簡単です。韓国人の現地スタッフが日本語を話すことができたからです。とくに日本語ができる韓国人を募集していなかったという会社も、入社してから日本語を習うよう奨励していたと言います。また、ある現地法人では、韓国人社員の昇進昇格に日本語能力が含まれていたので、否が応でも日本語を習得せざるを得ない状況だったと言います。

実際、現地スタッフ三名にもインタビューしましたが、日本での留学経験者・日本の本社駐在経験者・その他がひとりずついました。三人目の日本に住んだことのない現地スタッフの経歴は興味深いものがありました。この社員は以前韓国のＩＴ企業に勤めていたのですが、その企業が現在の日系企業との合弁会社となり、継続雇用となりました。大学時代、日本語学習の経験もありませんでしたが、独学で日本語を学びました。通常、私が行なった現地社員とのインタビューは三〇分から四〇分ほどでしたが、この社員は話好きで、その二倍近くの時間を割いてくれました。必ずしもすべて正確な日本語だったとは言えませんが、独学の外国語でこのようによどみなく会話が弾んだのは驚きでした。

また、この社員は英語も操ることができ、系列グループのグローバルＩＴ会議では英語を使うということでした。さらに日本・韓国・中国・シンガポールの担当者のテレビ会議も毎月あり、その際資料は日本語で用意し、質疑も日本語だが、発表は英語、という奇妙な形式で行なわれるそうです。これは、グローバル化を進めるために英語を使うようにという本社の社長による意向を汲んだ対応だということでした。

インタビューした駐在経験者は、基本的には仕事で日本語を使うが、顧客が英語を使う場合は英語を使う、と回答しました。日本語使用が断然多いことや、英語がそれほど使われないことについて、次の三つの見解が言語選択の「個人的要因」を反映しており興味深いので、ここに紹介します。

ひとりの駐在員は、他の海外拠点から、「こちらでは英語を使っているのに、なぜ韓国では日本語なのか」というふうに英語を押しつけてくる場合があり、暴力的に感じると語りました。この背景には韓国の特殊な事情があります。インタビューした企業の多くでは、韓国で生産した部品をおもに韓国企業に納品しているというのです。したがって、生産から販売まで韓国国内で完結する場合が多く、韓国での日本語教育の普及も加味すると、英語の必要性は低いのです。

その反面、すでに引退している元社員のひとりは、中東・アジア（インドネシア）・オセアニアの駐在経験が長く、英語を軸に仕事をしてきました。韓国での日本語環境には違和感を覚え、「グローバリゼーションを徹底するんであれば、英語ベースにしたやりとりがあっていいいんじゃないかと思うんです」と語りました。ちなみにすべてのインタビュー回答者は、「駐在した国から来たお客さんと初対面する場合、どのことばであいさつしますか」という問いに、現地語と答えましたが、この駐在経験者だけは、相手が何語を話せるかわからないので英語を使うと答えました。

もうひとりは、やはり最近引退した社員で韓国に一八年間いましたが、あるきっかけで赴任十年目ごろから韓国語を本気で勉強し始めました。そのきっかけとは、休暇で上海に行った時のことです。同じ会社の上海支店に勤務していた駐在員が、中国語を上手に話すのを見て、感心しながらほめたところ、「駐在員として当然でしょ」と返されました。当時韓国語の力がほとんどゼロだったことを恥ずかしく思い、それから懸命に勉強したということです。

それでは、韓国での日本語多用について、もう少し詳しく考察してみましょう。

†海外の日本語教育事情も関係している

これまで見てきたように、海外で仕事をする際、使用する言語は必ずしも英語でないことがわかりました。現地語がどうしても必要な場合もあり、英語は万能でないことは明らかです。その一方で、業務を効率的に行なうためには日本語も有効な手段です。英語教育にばかり気を取られていると、グローバルコミュニケーションの諸相、とくに「ローカル要因」を見失ってしまうことになりかねません。ここでひとつ考慮に入れるべきことは、日本語教育の実情です。

日本語は日本で暮らす留学生や技能研修生などが学んでいますが、海外でも広く学ばれています。国際交流基金が三年ごとに行なう「海外日本語教育機関調査」があります。【表1】に示すように、二〇一五年に日本語学習者がもっとも多かったのは中国で、次にインドネシア・韓国・オーストラリア・台湾・タイ・米国と続いています。

実は、この調査が始まった一九七四年から二〇〇九年まで、韓国が一位を保っていました。現在でも韓国の日本語学習者の多さは、このデータを人口比で換算してみると明らかになります。【表2】は如月隼人《きさらぎはやと》が前回調査二〇一二年のデータをもとに、人口一万人あたりの日本語学習者数を算出したものです。これを見ると、一位が圧倒的に韓国で、オーストラリア・台湾と続きます。七位が中国となりますが、中国は人口が突出して多いので、日本語人材の確保も比較的容易であろうと推測できます。

また、上位三ヵ国のうち二ヵ国がかつて日本の植民地だったことは興味深い事実です。日韓併合は一九一〇年、台湾の日本への割譲は日清戦争後の一八九五年で、日本の敗戦まで日本語が国語として教えられました。両国は独立後も日本語のできる人材が多数存在し、日本語教育が継続する土台があったと考えられます。

韓国の場合は、植民地解放後、日本語ならびに日本文化が排除されていましたが、一九六〇年代、とくに一九六五年の日韓国交正常化あたりから、経済政策のかなめとして日本語教育が位置づけられるようになっていきました。二〇一一年までは高校で第二外国語が必修科目として課されており、日本語がもっとも人気のある言語だったことも注目すべき点です。

韓国の日系企業の職場で日本語が多く使われていたことの原因としては、日本語と韓国

表1　海外の日本語学習者数

順位	国名	2012年	2015年
1	中国	1,046,490	953,283
2	インドネシア	872,411	745,125
3	韓国	840,187	556,237
4	オーストラリア	296,672	357,348
5	台湾	233,417	220,045
6	タイ	129,616	173,817
7	米国	155,939	170,998
8	ベトナム	46,762	64,863
9	フィリピン	32,418	50,038
10	マレーシア	33,077	33,224

国際交流基金（2016）（順位は2015年のデータにもとづいている）

表2　海外の日本語学習者数（1万人あたり）

順位	国名	2012年
1	韓国	174.4
2	オーストラリア	133.2
3	台湾	101.1
4	インドネシア	36.4
5	タイ	18.8
6	マレーシア	11.6
7	中国	7.8
8	ベトナム	5.3
9	米国	5.0
10	フィリピン	3.5

如月（2013）

語が言語的に類似しており、韓国人社員にとって学びやすいという「言語的要因」もあるでしょう。それに加えて、植民地主義の名残もひとつの「ローカル要因」と考えることができます。

✝ELFとしての英語

海外ビジネスにおいて現地語や日本語が有用であるのは確かです。しかし、インタビューに応じた駐在全員が、グローバルビジネスに英語は重要であると指摘しました。基本的英語力はグローバルに展開するビジネスにおいて不可欠であるという認識だったのです。ただ、非英語圏で仕事をする際、英語のノンネイティブスピーカー同士がELFを媒介として行なうコミュニケーションが基本となります。その場合、お互いにある程度の英語力がないと、誤解が生じたり意思疎通がスムーズにいかなかったりします。これでは、仕事を間違いなく効率的に達成することができません。

その意味で、現地語ができれば有利なことは確かですし、現地社員に日本語力があれば、駐在員にとっては楽です。つまり、業務を遂行するために必要な英語力が不足している場合、どちらかの母語を使うようにした方が、効率的であると言えるかもしれません。

しかし、タイの場合のようにそのような状況になく、かつELFを用いた英語のやりととりがうまくいかない場合は、やむを得ず通訳を介すことになります。

通訳は、海外業務で必要となってきますが、通訳専門のフルタイム社員を雇うことはあまりありません。というのも、通翻訳の仕事は単発的で、一日中通翻訳の仕事があるとは限らないからです。当初は通訳専門で雇ったとしても仕事内容を覚えてもらい、一般業務兼通訳として働いてもらうこともあります。

しかし、英語をＥＬＦとして使用せざるを得ない場合も多くあります。その際には、さまざまなストラテジーが使われます。その例は次の幻想７で詳しく見ることにします。

†現地語の有用性

海外駐在員の体験談をまとめると、英語力はグローバルビジネスにとって必要だが、英語ができれば世界中どこでもだれとでも仕事ができるわけではない、と言えます。英語の持つ両義性、つまり有用性と限界は、ビジネス以外の分野にも当てはまるのではないでしょうか。

英語の通じない場合、もちろん現地語が必要になってきます。通訳をつけることはコストもかかりますし効率もよくありません。

仕事の効率以外にも、現地語の大切な役割があります。それは現地社員との距離を縮められるということです。基本的には英語あるいは日本語を使って仕事をしていても、現地語をさりげなく使うと現地社員に好意的に受けとめてもらえ、親密感や信頼感が高まるというのです。これは、先に触れた、過去の赴任先から訪れた初対面のお客に対して、どのことばであいさつするか、という問いに対する答えにも表れています。

前にも登場したオーストラリア駐在の商社マンは、ブラジルに勤務していたこともありました。職場は基本的には英語でしたが、現地社員と気持ちをつなげるためにインフォーマルな面談を定期的に行ないました。そのような時はポルトガル語をできるだけ使ったと言います。

このように、英語のみの世界観はグローバル社会のスタンダードではありません。英語一辺倒の傾向は、近年、複数の著者から疑問視されています。たとえば、木村護郎クリストフは「節英」を提唱しています。つまり、日本語が使える場面では、コミュニケーション・ストラテジーを取り入れながら日本語を使うこと、また「隣語」つまり韓国語や中国語をかじってみることを奨励しています。英語のみを使おうとすることは他人あるいは自分に対する押しつけであり、真にグローバルな姿勢であるとは言えないのです。

幻想7

英語力は社会的・経済的成功をもたらす

幻想6の冒頭で紹介した文部科学省の資料によると、国際共通語としての英語力は、二一世紀のグローバル社会を生き抜くために不可欠だとされています。実際、英語力の必要性は先に紹介した日系企業の海外駐在員のあいだでも共有されていました。現実には英語が万能でないとしても、一般的には、英語ができることが最低条件であると考えられています。

「英語力は社会的・経済的成功をもたらす」というのは社会通念となっているといってもいいでしょう。実際、英語あるいはどの外国語でも、使えるようになれば世界が広がることは事実です。しかし、英語力さえあれば、駐在員たちもキャリアをつむことができたかと言えば、答えはノーでしょう。語学プラス専門能力がなければ目標は達成できません。

英語力と経済的成功とを結びつける言説が近年顕著になりましたが、その背景には何があるのでしょうか。海外で活躍する企業人にとって、英語は経済的成功に直結するのでしょうか。この問いを「英語力さえあれば就職や業績につながるのか」というふうに設問し直して考えていきます。

†語学と経済的成功との関係

海外の応用言語学研究では、語学と経済的成功についての量的研究がなされています。

北アメリカとヨーロッパの国々を対象としたフランソワ・グランらの研究によると、一般的に個人の言語力は収入に正比例していると言える一方で、これは女性より男性の方に当てはまるようです。スイスの研究では、女性の場合、英語のレベルと収入はある程度まで比例して増えていきますが、英語があるレベル以上になると収入が減ることが示されています。これは、高い英語力を持つ女性は不正規労働者である場合が多いからなのではないかと考えられています。

また同じ国の中でも地域によってバイリンガルの経済的恩恵は異なることもあります。たとえば、カナダは公用語が英語とフランス語ですが、バイリンガルであることは、フランス語圏であるケベック州での方が他の州より有利だという研究結果が出ています。

それでは、日本の場合はどうなのでしょうか。寺沢拓敬は「英語ができれば収入が増えるのか」という設問について、二〇〇〇年と二〇一〇年に行なわれた社会調査の結果を分析しています。ここで注意すべき点は、どちらの調査結果においても、英語力と収入との関係だけを見ると、明らかに正の相関が見られる一方で、個人の英語力と収入との関連性には、学歴・経験年数・職種などの要因も関与してくるということです。

そこで、それらの変数を統制してデータを解析したところ、二〇〇〇年には男性に有意な賃金上昇効果が見られたものの、その度合いはわずかで劇的には高くないという結果が出ました。女性にも上昇は見られましたが、統計的に有意ではありませんでした。ちなみに、この社会調査は都市部における正規社員・職員を対象としたものでした。

それに対して、二〇一〇年の調査は全国的に行なわれました。回答数が二〇〇〇年のものと比べて少なかったのが難点と言えますが、このデータを解析したところ、男女ともに有意な効果が見られませんでした。

結論として寺沢は、日本社会の言説空間で英語力と収入の関連性が誇大宣伝されていることに警鐘を鳴らしています。「英語ができると収入が大幅にアップする」というビジネス系の雑誌やインターネット記事を見かけることがよくありますが、そのような情報を、鵜呑みにしないようにする必要があるでしょう。

†語学と人的資本――新自由主義

語学(英語)力と経済的成功との関連性の背後にはどのようなイデオロギーが潜んでいるのでしょうか。ここで思い出したいのは、二〇〇六年に流行語大賞にノミネートされた「勝ち組・負け組」ということばです。このことばの背景には、ここ二十年来の社会の潮流があります。二〇〇〇年代には社会的・経済的に成功した者とそうでない者の格差が顕著になり、貧困の問題も次第に表面化してきました。この背後には新自由主義的な労働環境があります。

一九八〇年代以降、資本が多国籍化し巨大化していく中で、市場原理や自由競争を阻む規制は障害であるとされ、次々と規制緩和が行なわれていきました。民営化はそのひとつで、日本国有鉄道から始まり、電話・郵便なども対象となりました。このようにグローバル資本主義経済において、社会経済システムの自由化を推進する動きが新自由主義です。

新自由主義のもとでは、労働コストを抑え資本の拡大を図るために、従来の終身雇用と年功賃金制度が、より柔軟な雇用制度に置き換えられてきました。長年勤めてきた正社員もリストラの対象になり、非正規労働者の数は年々増えています。

このような不安定な雇用状況の中で労働者は「自己責任」として生涯学習に取り組むことによって、自己の能力向上に励むことが期待されます。このような雇用可能性を支える能力・技能・知識は「人的資本」と呼ばれ、OECD（経済協力開発機構）の文書にも登場します。

人的資本の中でも重要であるとされるのはコミュニケーション力です。技術革新により、労働の形態が肉体労働から頭脳労働へ切り替わり、サービス業が増えました。新しい産業構造では対人コミュニケーションが重要な職業能力であるとされます。典型的な例は、コールセンターのオペレーター業務です。顧客のニーズに応じるために、丁寧でなめらかな応対をしたり、聞き上手で相手に共感を持ったりすることが求められます。

そしてコミュニケーションには、外国語能力も含まれます。とくに「英語は国際共通語」という言説が広まる中、グローバル人材として活躍するためには英語力が不可欠であるとされるようになりました。そして、自己責任で英語力をつければ、「勝ち組」に加われる、つまり経済的成功につながると考えられているのです。

†新自由主義と英語教育——財界とのつながり

英語力が個人に経済的成功をもたらすという考えを見てきましたが、これは国家にも当てはまる議論です。幻想6の始めで引用した文部科学省の文書でも、「国際共通語である英語力の向上は日本の将来にとって不可欠」とありますが、これは、英語の使える国民、あるいは「グローバル人材」を育成することは、国家の繁栄にもつながるという見方です。

このように個人と国家の経済的成功を視野に置いた英語教育施策が近年行なわれてきました。資本主義国家の経済的繁栄は、グローバル企業の繁栄と直結しています。そこで新自由主義経済における国家教育としての英語教育は、財界の要望に応える形でさまざまな施策が打ち出されてきたのです。

たとえば、二〇〇〇年には当時の経団連が「グローバル化時代の人材育成について」という意見書の中で、小学校での英語教育、大学入試センター試験における英語のリスニングテストの実施、英語教員採用の際のTOEFL・TOEIC活用、英語を母語とする外国人教員の拡充などを提案しました。また、経済同友会もその一年前に発表した「志ある人々の集う国」という提言で、英会話の小学校への導入やALTの拡充とともに、大学入試センター試験の受験資格にTOEFL・TOEIC・英語検定などを活用することを提案しています。

これらの提言はすべて実現化しています。たとえば、小学校五・六年生の「外国語（英語）活動」の必修化は二〇一一年度から全面実施されました。二〇二〇年には、小学校五・六年生の英語が正式な教科となり、「外国語活動」としての英語は小学校三年生から導入されます。また大学入試センター試験でのリスニングテスト実施は二〇〇六年から始まりました。さらに二〇二〇年度から実施される大学入試共通テストでは、「新型」英検・TOEFL・TOEIC・IELTSなどの民間試験を活用することになります。

民間テストの導入と新自由主義との関わりは次の二点から考えることができます。まず、テストが民間のものであるないにかかわらず、能力を数値化することはアカウンタビリティーの点で重要だということです。個々の学習者は、自己責任で能力を開発しそれが他者と比べてどのくらいの程度かを提示することが求められます。また教育機関も教育の成果を数値化することによって、その競争力を示すことができます。競争原理にもとづいたアカウンタビリティーは、幻想5で触れた米国の初等中等教育におけるテスト中心主義と呼応しており、日本で行なわれている全国学力テストにも反映されています。

第二に、民間テストの採用は教育評価の民営化と言えるわけですが、そうなると一定の利権構造もかかわってきます。この点について、次にもう少し細かく考察してみます。

†英語テスト業界があおる英語ブーム

新しい大学入試で参入してくる民間テストの中には「新型」英検やTEAPがあります。これらは公益財団法人日本英語検定協会が独自に開発・実施をしており、大学で必要な英語運用能力を測定するとされています。日本英語検定協会は、ブリティッシュ・カウンシルが中心に開発したIELTSの実施・運営・広報活動もしています。

大学入試にはTOEFLやTOEICも参入して来ます。こちらは米国の非営利テスト機構であるETS（Educational Testing Service）が開発しています。そしてこれらの試験は世界各国の非営利団体が運営・実施しています。日本では、一般財団法人国際ビジネスコミュニケーション協会（IIBC）がTOEIC、国際教育交換協議会（CIEE）日本代表部がTOEFLの窓口業務を行なっています。

日本英語検定協会も含めて、これらは非営利教育団体といえども大きなビジネスであると言えます。現在、英検の受験料は二〇〇〇円から八四〇〇円まで、TOEFLの受験料は二三五米ドル（約二六〇〇〇円）で、TOEICは五七二五円です。TOEFLとTOEICに払い込まれた受験料の一部はETSに送られるはずですが、その割合は不明です。TOEICの場合、受験料はTOEFLよりは少ないのですが、二〇一六年の受験者数は二七〇万人を超え、多額の運用経費が動いているはずです。ちなみにTOEFLの受験者数は公表されていません。

私は『グローバル化社会と言語教育』という著書の中でTOEICと営利事業との不透明な関係に触れました。その情報源は、二〇〇九年にジャパンタイムズ・FRIDAY・日刊ゲンダイなどによって報道されたメディア記事です。問題になったのは、TOEICの窓口業務で取り扱われる多額の受験料の運用方法があいまいだったことです。さらにTOEICの窓口業務を取り仕切る非営利団体が、TOEICの学習者サポートのための出版やセミナーなどを含む営利目的の活動と密接な関係にあったことが疑問視されたのです。

このように考えていくと、グローバル人材育成の根幹をなす英語教育は、経済界から見るとおいしいビジネスチャンスであると言えます。これはテスト業界だけに限らず、塾ならびに英会話産業・ネイティブ講師派遣業・出版業など、英語教育に関するありとあらゆる活動に当てはまります。つまり、英語の重要性が高まれば、需要が増え供給も増大するというわけです。

さらに、供給確保のために、英語教育業界と政治家が癒着する例もあります。たとえば文部科学省の二〇一六年度予算にALT活用拡大のための派遣事業が盛りこまれました。メディアの報道によると、自民党教育再生実行本部長を務めた遠藤利明議員が、二〇一〇年から二〇一四年にかけてALT派遣業最大手企業の創業者から個人献金を受けとっており、文科省への口利きがあったのではないかという疑惑があるとのことでした。

英語ブームが英語産業にとって大きな収益につながるのは確かでしょう。これはチョコレートの健康ブームと類似しています。近年、カカオ豆に健康効果があると言われ、チョコレートの消費量が増えています。ところが、米国のウェブニュースVoxによると、メディアが報道する健康効果は、おもに大手チョコレート会社が出資する研究にもとづいているというのです。チョコレートが健康によいという言説がビジネスとメディアの結託によって広められるように、英語が上手になれば経済的に成功するというのも、英語産業・政治家・メディアにあおられている面があるのではないでしょうか。

幻想6では英語は国際共通語であるという言説を、海外駐在員対象の調査から検証してみました。では、仕事を成功させることと英語との関わりは、この調査でどのように浮かび上がってきたのでしょうか。

†英語（言語）はツールである

インタビューの中で「言語はツールですから」というコメントが何度か聞かれました。ただしこれは「ツールだから、しっかり学ばなければならない」という意味ではなく、逆に、言語はツールでしかなく、仕事を達成するために手段として使うにすぎないという意味だったのです。

インタビューに応じてくれた駐在員は全員、グローバルビジネスにおける英語の重要性ならびに必要性を認識していました。高い英語力があることはもちろん有用であり、英語にかぎらずことばは「できるに越したことはない」のです。しかし、だからといって、ことばができなければ仕事ができない、あるいは就職できないわけでもないのです。結局、ことばができるできないにかかわらず、仕事をこなして結果を出すことが最重要だからなのです。

この点で興味深いエピソードをタイの女性駐在員が話してくれました。赴任当初、アポイントメントなしで売り込みに出かける「飛び込み営業」をしました。応接室に通されたものの、相手のタイ人は英語も日本語もできず、自分もタイ語がまだ話せなかったので

「最初五分ぐらいふたりで見つめあって沈黙があった」のです。しかし、英語で書かれたカタログを見せたりジェスチャーをしたりしながら、最終的にはそのお客から注文をもらったと語りました。

この駐在員は、学校で学ぶ基礎的な英語は必要だが、TOEICの高い点数は必要ないと断言しました。それは、学校英語と実際に業界で使うものとは異なったところがあるので、実戦で覚えた方が近道なのではないかというのです。

インタビューした駐在員のあいだでは、英語や他のことばはコミュニケーションの手段にすぎないという意識が主流でした。最も重要な能力はコミュニケーション力であり、学校で習うような語学はその一部でしかないのです。これは、駐在員たちにとってのコミュニケーション力と、一般に考えられている言語力とは必ずしも一致しない可能性を意味します。

高度な英語力に関しては、グローバルなビジネスミーティングを頻繁に行なったりする経営幹部などにとってはもちろん必要でしょう。また、専門的な通翻訳にも欠かせない能力です。しかし、海外での勤務経験がある回答者たちの声は、文部科学省・経済団体・メディアが強調する英語力とかなり異なる印象を与えます。このギャップは興味深く、後ほどもう少し検証してみます。

†正確さや流暢さよりコミュニケーション能力

さらにことばがツールであるということは、正確さや流暢さよりも実用性や意思疎通力の方が肝要だということを意味します。いくら正確で流暢であっても、伝わらなければタスクが達成できないのです。この点について、会社から派遣されて中国で一年間語学留学した後、中国に駐在した社員は、ビジネス・コミュニケーション全般について次のようにコメントしました。

いくら単語を知っているというよりも、その場面において適切なことばに置きかえられる人間の方がよっぽどその通じるコミュニケーション力というのは高いのかなという。(中略)われわれのこのコミュニケーションというのは、まああるところで文法が合ってなくても相手に通じる、通じる力じゃないですけれども、そんなのが必要なのかなという。

このようなコメントは他の回答者によっても共有されていました。

また、ひとりの韓国駐在経験者は、以前アメリカに駐在していた時の体験を回顧して

「コミュニケーションはことばだけじゃないと思った」と語りました。

ある上司見てて思ったんですけど。すっごい英語ができる人なんですけど、できるだけに、むずかしいことばを使って、逆に相手が、理解してるのかしてないも構わず、一方的に話しまくるみたいな人がいて。だから、あれ、ことばって、あんなにできるのに、あんなにコミュニケーション取れないんだーって、思ったことあるんですよね。で、しかもその人が、たとえば出張で韓国とか行ったりするじゃないですか。そうすると、相手側は自分と同じレベルの英語だと思って、わーっとやるわけですよね。

このように、コミュニケーション能力は、文法や語彙の正確さや会話の流暢さがその基本にあるのではなく、言い換えたり相手の理解を確認したりするなど、意思疎通のためのストラテジーに支えられていると言えます。これはＥＬＦのコミュニケーションと合致します。

コミュニケーション・ストラテジーとして駐在員はさまざまな例をあげました。ジェスチャーを使う、指さす、ことばを紙に書く、伝えたい内容を絵や図に描く、わかりやすいことばに言い換える、ゆっくり言う、繰り返す、漢字圏では筆談する（漢字を書く）などです。

また、仕事には正確さが求められます。たとえば生産過程で間違いがあったりすると業績にひびきます。どの言語であっても、現地のオペレーターやスタッフとの相互理解が不可欠です。とくに英語をELFとして使用する場合、相手も自分も英語が母語ではないので、誤解が生じやすくなります。そこで綿密な確認作業が必要となります。何度も確認し、するべきことを繰り返し言ってもらうことも有効な手段です。

実はこれらのストラテジーは、言語教師が学習者に対して使う対話方法と多くの点で一致します。熟達した言語教師は、初級の学習者も目標言語で内容が理解できるように、わかりやすい表現で間をおきながら繰り返し伝え、マルチモードを活用して「理解可能なインプット」を与えるようにします。これは言語教育者にとって興味深い点だと思います。

†コミュニケーションの態度

インタビューでは、職場でのコミュニケーションにおいて、態度あるいは心構えも重要であることが明らかになりました。まず、「伝え合おうとする意志」がなければコミュニケーションは成り立ちません。積極的に関わり合おうとする意欲とともに、根気よく伝え合おうとする努力も必要になります。

中国に五年ほど駐在した社員は、このような体験を話してくれました。赴任当初、中国人は約束や時間を守らない、指示したことをやらない、と思い「中国だから」とすり替えて考えていた時期がありました。しかし、それだと現地社員も動いてくれないし、自分も楽しくない状態が続き、約一年が過ぎたころ、「性善説」で現地社員と接している同僚を見て、自分も変わっていったと言います。このようにコメントしました。

まあ、結局人と人とのやりとりなんで、きらいになっちゃうとそこでビジネスも終わってしまうし、ビジネス以外の関係も終わってしまうので、基本的には人をもっと好きになろうというか、そういう人の方がいい、（仕事に）向いてるというか、コミュニケーションもとれるし、性善説の考え方の人の方が向いているような気がしますけど。

このようにポジティブな態度で伝え合おうとする意志と同時に、相手の立場に立ち、誠実で謙虚にコミュニケーションに臨む態度が重要であるようです。この態度は、自他相互の歩みよりを促進させます。コミュニケーションは一方通行ではありません。相手に気を配り、相手を理解しようとしながらお互いの歩みよりで意思疎通を図ることが大切になってきます。この点に関連して「われわれはこの国で仕事をさせてもらっている」という謙虚な気持ちで仕事をすることが大切だと何名かがコメントしました。

さらに、コミュニケーションの態度を支える要素として、「基本的態度」と「文化的知識」が必要です。「基本的態度」には、自他の文化に対して興味を持つことや、偏見や差別的な言動を慎むことが含まれ、これは信頼関係を築く土台となります。

また、海外で仕事をするための「文化的知識」には、文化的習慣や時事ニュース・歴史の基礎知識が含まれ、この情報がコミュニケーションのベースとなります。とくにアジアで仕事をするには、日本の植民地支配の歴史を知ることが必要だとコメントした駐在員もいました。ある駐在員は、「文化が違えば考え方が違うのは当然なので、相手をいかに理解するかという意識を持つというところ、こういうところが総合力となってコミュニケーション出来るようになると思うんですね」と語りました。

これまで述べてきたコミュニケーション能力と態度をまとめたものを「越境コミュニケーションの資質」と名づけて、**【図5】**に示します。英語力は越境コミュニケーションを成り立たせる能力の一部に過ぎず、英語力だけが成功をもたらすとは言えないでしょう。

図5　越境コミュニケーションの資質

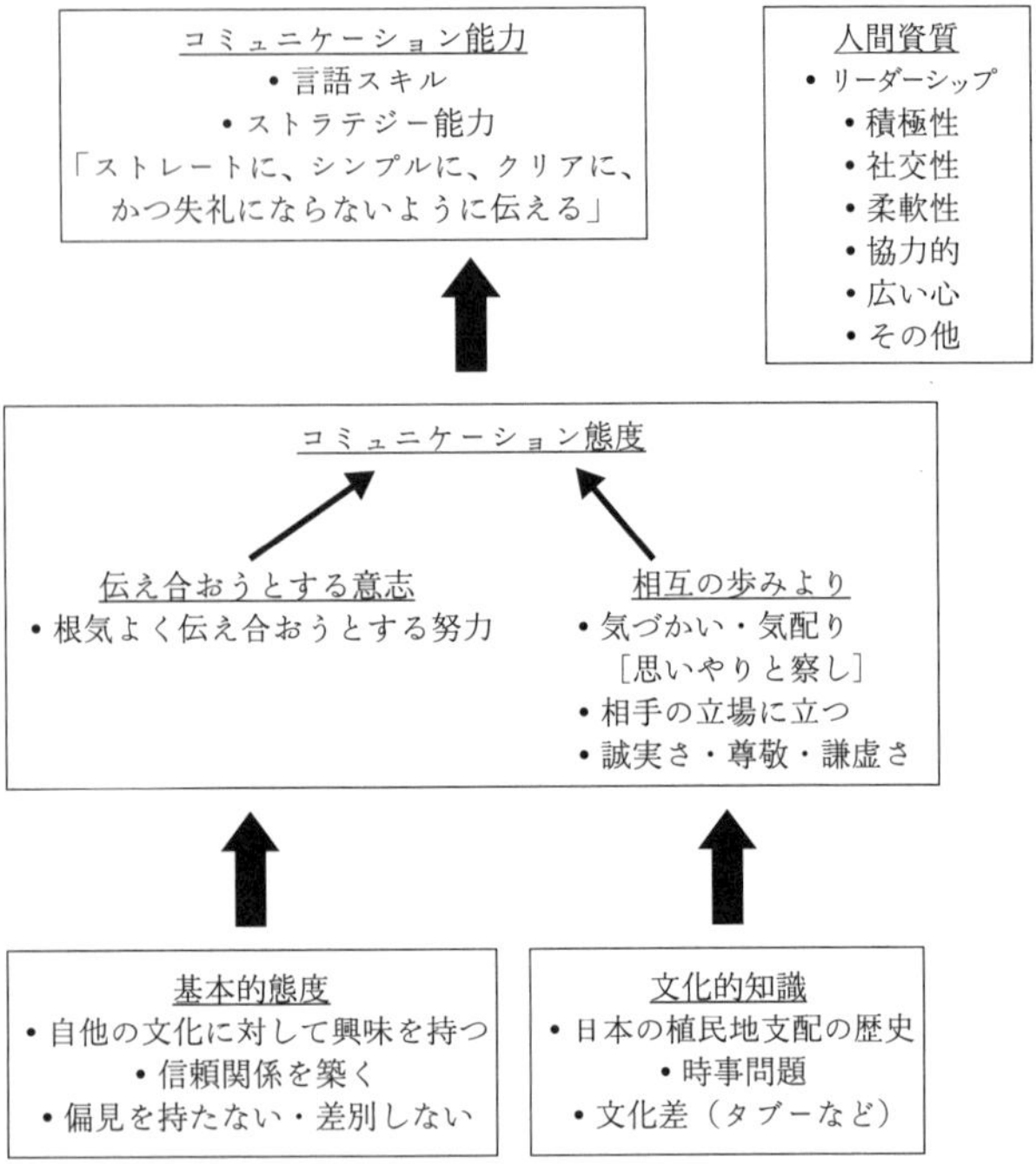
コミュニケーション能力
• 言語スキル
• ストラテジー能力
「ストレートに、シンプルに、クリアに、
かつ失礼にならないように伝える」
人間資質
• リーダーシップ
• 積極性
• 社交性
• 柔軟性
• 協力的
• 広い心
• その他
コミュニケーション態度
伝え合おうとする意志
• 根気よく伝え合おうとする努力
相互の歩みより
• 気づかい・気配り
［思いやりと察し］
• 相手の立場に立つ
• 誠実さ・尊敬・謙虚さ
基本的態度
• 自他の文化に対して興味を持つ
• 信頼関係を築く
• 偏見を持たない・差別しない
文化的知識
• 日本の植民地支配の歴史
• 時事問題
• 文化差（タブーなど）

†仕事に必要な能力・資質

インタビューでは、海外勤務において重要な能力や資質についても問いました。先に触れたように、ことばはできないよりできたに越したことはない、そして基礎的英語力は必要だというのは共通の認識でした。しかし、大切なのは語学力より、仕事の知識や専門能力だという回答が返ってきました。語学の方により重い比重をかけた回答はありませんでした。

タイ駐在の社員は、言語能力と専門能力とどちらの方が大切か、という問いに対して、迷わず「専門能力だと思いますね」と答えました。この社員の場合は、シンガポールからタイに転勤後、過去に経験のない新しいポストをあてがわれたので、もし英語力がなかったなら新しい仕事内容を覚えることは難しかっただろう、と述べました。しかし、英語力と専門能力の両者ともある程度のベースがあるのなら、専門能力の方が重要だとコメントしました。そして、自分は現地スタッフから無言のうちにボスとしての能力を評価されているが、「こいつ英語しゃべれるからいいボスだな、とは絶対思ってないと思いますよ」とつけ加えました。

また、この研究調査では、駐在員のほかに、駐在員を海外に送りこむ人事担当の社員にもインタビューしました。駐在員選考の基準について、ひとりの回答者は次のようにコメントしました。少し長いですが、引用します。

いや、基本的に基準はですね、わかってるのは、語学じゃないです。ようするに仕事ができるできない、やる気があるなし、それですね。日本で仕事が、やる気がないできない者が、いくらことばができても、海外に出たらやっぱり通用しないわけですよね。ことばができなくても、ちゃんと仕事を日本できっちりできる人間、これ海外に出ても、なんとかなるんです。基本的に我々はその語学というものは、目的と考えておりません。そこが非常に誤解が多いところなんですが、学校で、中学校の義務教育からその英語の教育が日本はありますけど、あの教育っていうのはようするに、テストで文法を覚えて、単語を覚えて、ペーパーテストで一〇〇点とるのを目的にして、で、通信簿いい成績をもらうと、多分（それが）目的になっちゃってるわけですね。実社会にでたらば、目的は日本にいようが海外にいようが仕事をやり遂げることなんですね。で、そこで必要になる語学っていうのは、単なるツールのひとつ、いうふうにしか考えていないんで、ですから語学ができるできないまったく関係ないですね。そりゃできたに越したことないですけど。

ここでも「ことばはツール」という考えが明確に表れています。

†グローバルコミュニケーション力は語学力?

これまで見てきたように、インタビューに応じてくれた駐在員にとって、英語は必要条件であっても十分条件ではないことがわかります。そして少なくとも調査対象の企業の回答者によると、英語ができてもそれだけでは必ずしも成功につながらないのです。

それでは何が成功につながるかというと、仕事の専門能力とともにコミュニケーション力であると言えます。さらに、いわゆる「語学力」は「コミュニケーション力」の一部でしかないのです。「コミュニケーション力」とは「日本語能力」であるという見方もありますが、日本語であれ英語であれ、言語力は、次章で述べるように認知的基底レベルでつながっています。コミュニケーション力とはこの基底レベルに属すと考えるべきでしょう。

財界や政府が推し進めているグローバル人材育成のための英語教育は、「英語によるコミュニケーション能力を高める」ことを目的としています。ところが、ここでの「コミュニケーション能力」は、テストで測れる狭義の言語能力、つまり「聞く・話す・読む・書く」の「四技能」と同義であり、**【図5】**に示した越境コミュニケーションの全体像ではありません。

ＴＯＥＩＣなどのテストで測れる言語能力と実際グローバルな職場で仕事をするために必要なコミュニケーション力とは一致しないという見解はインタビュー回答者からも聞かれました。さらにテストで測る言語能力と学校での文法指導とのあいだにもギャップがあります。高校の英語の授業で「現在分詞・過去分詞の形容詞的・副詞的用法」を習い、例文をどちらの用法かに分類する練習などはいまだに見られます。このような英語教育は、たとえグローバル人材育成目的でなくても、ほとんど意味をなさないと言わざるを得ません。

学校のテストで測る英語力がコミュニケーションと結びつかないのは、学校での学習評価の影響や教師研修の問題に加えて、学習塾など学校外の教育活動の影響などがあるでしょう。そうかといって二〇二〇年度から大学入試に四技能を測る民間試験が導入されれば、コミュニケーションと直結した英語力が身につくのでしょうか。また、大学で民間試験を英語力到達判定に使うことが広まれば、大学卒業生の英語コミュニケーション力が高まるのでしょうか。

結局、コミュニケーション力を語学力（四技能）と同一視してしまうところに落とし穴があるのではないでしょうか。

†「グローバル人材英語教育施策」と「企業からの要望」とのギャップ

新自由主義において、英語のコミュニケーション能力伸長はグローバル人材育成の要と言えます。ところが、教育施策では、「コミュニケーション能力」イコール「テストで測れる英語力」であると理解されており、駐在員の認識とのあいだにギャップが見られます。

このギャップが顕著に現れているのは、二〇一七年に総務省が発表した「グローバル人材育成の推進に関する政策評価書」です。この文書は、教育基本法にもとづき二〇一三年に策定された第二期教育振興基本計画の中のグローバル人材育成推進に関する関連教育施策の評価、ならびに海外進出企業を対象とした意識調査をもとに作られました。

この意識調査に寄せられた企業からのコメントを読んでみると、これまで紹介してきた駐在員らの声と重なっているものが多いことがわかります。

・TOEICで高得点をとっていることと、海外で実際に英語を使って話せるということは異なる。
・英語が話せることと仕事ができることは異なるので、学生には語学力以外に海外進出企業が必要としている能力を身につけさせてほしい。

・英語検定の能力を国の目標・指標とすることに疑問を感じる。
・大学には、専門知識の教育を第一に考え、外国語はその伝達ツールとして教えてほしい。
・日本の英語教育は、文法にこだわり過ぎている。コミュニケーション能力を高める教育が必要である。
・学生には、海外の現場でたとえ十分な英語が使えなくても、身振り手振りでも意思疎通ができるよう、外国人とも日本人と同様にコミュニケーションができるようになってもらいたい。
・近年では中国、東南アジア、台湾等でのビジネスが多く、これらの国では英語が通じると考えがちだが、都市部ではなく地方の工場などに行くと、英語は通用しないため、現地語が必須となっている。

ところが、英語教育政策評価の学習者に関する項目を見ると、中学校・高等学校・大学卒業時の英語の民間試験にもとづく到達目標達成のみが記載されています。そして、勧告では中学校・高等学校の生徒の英語力の向上があげられているだけで、いかにして「コミュニケーション能力」をつけるのか、あるいはいかにして英語以外の言語学習を促進するのかには言及されていません。

近年の英語教育施策のほとんどは、財界の要求にもとづいていることを考えると、このギャップは不可解です。英語教育政策はなぜ語学、それもテストで測れる正確さや標準的なスキルにこだわるのでしょうか。憶測ですが、まず、そのような評価は容易であることがあげられます。逆に越境コミュニケーション能力は測定が困難です。さらに、英語教育産業・テスト産業を活性化できるという利点のためかもしれません。このギャップについては今後さらに検証が必要でしょう。

†海外駐在社員の体験をもとに提言できるのか

インタビューに応じてくれた社員の中には高卒の駐在員もいたのですが、多くは大卒でした。そして全員、新自由主義における自由市場の恩恵を受けた大企業に就職しており、経済的に成功していると言えます。この成功は必ずしも英語力によってもたらされたものではないものの、これらの社員の体験をもとにした英語教育政策への批判にはある種の矛盾があります。

本研究に協力してくれた社員は実践の場でグローバル人材として、言語・文化・人間の多様性をわきまえながら活躍しています。しかし、新自由主義は「勝ち組・負け組」を際立たせ、格差を広げてきました。どんなに努力しても経済的理由で十分な教育が受けられず正社員になれない人口も増えています。これらの人びとにとって、英語学習の意義はどうあるべきでしょうか。インタビューに応じてくれた社員たちの海外体験にもとづいて英語教育への提言をすることは、倫理的に適切なのか、葛藤を覚えます。

ここで注意する点は、新自由主義と多様性に対する感受性との間に親和性があることです。政治学者のウィル・キムリッカはこれを「新自由主義的マルチカルチャリズム（多文化主義）」と呼んでいます。

つまり、多国籍企業などが国境を越えた新自由主義的な経済活動を行なうためには、必然的に多様性と向き合わなければならないからです。これは、企業で行なっているダイバーシティ・マネジメントということばからもうかがわれます。つまり、今までは国内で完結していた投資・雇用・開発・生産・販売・宣伝などが国境を越えて行なわれるようになったのです。その上であらゆる多様性を認めるとともにそれを活用するのが、いわば企業戦略の一部となっています。

したがって、駐在員が異文化との接触の中で必要とする越境コミュニケーションの資質は、究極的には企業業績を高めるための手段です。ただ、この資質は企業人だけに当てはめる必要はないと考えます。すべての人びとが歩み寄り理解し合うための態度やスキルを培うことは、健全な社会を築くために不可欠です。

さらに、英語に限らず言語学習にはさまざまな形態や意義があります。学校・大学での外国語学習や正規の教室外での外国語学習を考えると、その目的や目標は多岐にわたります。学校教育であっても学習目標はコミュニケーション力の育成だけではないはずです。学習が、自己実現・自分探しなど人間的に豊かになる媒体として作用する場合もあります。この点については幻想10で論じたいと思います。

幻想8

英語学習は幼少期からできるだけ早く始めた方がよい

英会話が小学校から入ると聞きましたし、発音はできれば小さいうちからやっていた方がいいと聞きまして。耳が日本語でかためられないうちに学んだ方がいいかなって。

小さいうちから、英語に親しむことで、外国の方と接することで、大きくなった時に英語に対するコンプレックスを持たないで自然と外国の方と接することができたり、英語を使ったりすることができたりと、自然にできるかなと思っています。

十年ほど前になりますが、地方の小都市で英会話への意識についてインタビュー調査を行なったことがあります。その際、幼児英会話教室でお母さんがたに話を聞く機会がありました。これはその時のコメントです。中には、自分自身、将来アメリカに住みたいという夢があり、子どもが生まれる前からバイリンガルに育てたかったと語るお母さんもいました。毎日家では英語のDVDだけを見せているということでした。

外国語を学び始めるのは早ければ早いほどよい、というのは一般通念のようです。日本政府も、三〇年ほど前から小学校での英語教育への構想に乗り出しています。当初行なわれた文部省（現、文部科学省）の調査研究協力者会議（一九九三年）の報告書にはこうあります。

児童は、外国語に対する新鮮な興味と率直な表現力を有し、音声面における柔軟な吸収力を持っているため、外国語の習得に極めて適している。

はたしてこれは、実証研究によって証明されている知見なのでしょうか。本章では、応用言語学の研究結果をまとめて考えてみます。

†小学校への英語学習導入

早期英語教育の学校教育への導入が検討され始めたのは一九八〇年代の臨時教育審議会でした。第二次答申では、国際化に対応する外国語教育の一環として、英語教育の開始時期について検討することが盛り込まれました。

その後、小学校への英語教育導入は一九九〇年代から着々と進みました。一九九八年に公示され二〇〇二年度に全面実施された学習指導要領では、「外国語（英語）会話」が「総合的な学習の時間」に含まれる国際理解学習の一環として位置づけられました。研究指定校も設けられ、次第に実施が広がっていきました。

二〇一一年度に実施された学習指導要領では、五・六年生に英語が「外国語活動」として必修化され、年間三五時間、週一コマ相当確保するよう位置づけられました。そして、二〇二〇年度から実施される学習指導要領では、これまでの「外国語活動」が三・四年生におろされ、五・六年生には英語が「外国語」の正式教科として必修化されることになっています。

小学校英語の導入にはさまざまな力が働いています。まず、前にも触れた財界の要望です。そして近隣諸国の影響もあります。たとえば韓国では一九九七年から、中国および台湾では二〇〇一年から英語が小学校で必修化されました。この背後にはTOEICやTOEFLの平均点を見ると「日本人の英語力は国際的に低すぎる」という危機感があります。しかし、寺沢拓敬は、ランダム抽出データ分析の結果、国際的に日本人の英語力が低いのは事実だが、東アジアや南欧の国々も日本と同水準である、と結論づけています。

小学校から英語学習を始めれば、経済効果もあります。塾や出版業がもうかります。総じて言えば、「英語＝国際共通語」の幻想と新自由主義的なグローバル人材育成のイデオロギー、そして英語業界の思惑とがあいまって、この教育政策を推し進めてきたと言えるでしょう。

†賛成・反対意見

英語教育は早く始めた方がいいという考えの根拠として、最初に引用したように、「子どもであれば物怖じせず自己表現でき、スポンジのように音声を吸収する、発音もよくなる」といった発達段階による学習態度と学習効果のアドバンテージがよくあげられます。また、外国の人と自然に接することができるようになる、異文化に触れて視野が広がる、などの異文化理解への期待があります。

ただ、ここで「発音がよくなる」を精査してみると、これまで論じてきたように、正統な英語のイデオロギーが潜んでいます。つまり英語には「よい発音」と「悪い発音」があり、「よい発音」はおそらく白人でアメリカあるいは他の中心円の標準英語のネイティブスピーカーの発音でしょう。そして「悪い発音」は日本英語であるという意識です。「発音がよくなるから小さいうちから英語を習わせる」という理屈は、ネイティブ崇拝を強めてしまいます。

現実に小学校での英語教育が行なわれる中で、はたしてすべての児童の発音が「ネイティブ」のようになるのでしょうか。指導計画は学級担任に任せられており、ネイティブスピーカーや英語の堪能な地域人材が確保できなければ、学級担任が教室指導を行なうことになります。学級担任の中にも英語が得意な教師はいますが、もちろん全員ではありません。

また「外国の人と接することができ、物怖じしないようになる」といった時、「外国の人」とはだれなのでしょう。白人でしょうか。黒人でしょうか。アジア人でしょうか。ここにも暗黙のイデオロギーが潜んでいると言えます。

小学校で英語を教えることに対する反対意見もあります。指導者に関する問題は深刻な懸念材料です。小学校教師の指導力が十分でないと学習成果も期待できない上、教科になることで、教師の指導や評価に割く時間が増え、負担が増加するからです。

学習態度の面でも懸念があります。質の高い指導がなされないと、モチベーションを失い、英語嫌いが生じる可能性があるのです。生徒が中学校入学時にすでに英語に対する興味を失うことになると逆効果です。

また、言語習得の面から反対の意見もあります。小さい時から英語を学習すると日本語の習得にマイナスの効果をおよぼすという見解です。結論から言うと、この見解は間違っています。この点に関しては、以下、言語習得に関する実証研究にもとづく知見を紹介します。

その実証研究を考察する前に、言語習得におけるふたつの異なる環境について理解しておかなければなりません。

†付加（第二）言語学習と外国語学習の違い

早期英語教育を推奨する際、子連れで英語圏の国に暮らした体験談を引き合いに出して、子どもは小学校であっという間に英語が習得できた、しかも「よい発音」が身についた、と言われることがあります。だから日本でも小さい時から英語を学べばよい、という論理になりがちですが、これには問題があります。「付加（第二）言語学習」と「外国語学習」とは学習環境と学習目標の点で性質が大きく異なるからです。

英語圏の国に渡って現地の学校に通学する小学生は、在校中はほとんど英語漬けになります。そして、多くの場合、「付加言語としての英語（English as an additional language：EAL）」の取り出し指導を特別に他の教室で受けることになります。「第二言語としての英語（English as a second language：ESL）」という名称もありますが、学習者にとって、英語は必ずしも「第二」言語ではなく、「第三」「第四」言語の可能性もあります。したがって「付加言語（additional language）」という用語を使います。

学校での付加言語としての英語学習の目的は、英語で全教科（数学・理科・社会・英語など）の内容を理解し自己表現できるようになることです。つまり「学習言語」としての英語の習得が主要目標です。初期段階は、学校への適応と簡単な言語表現の習得も必要ですが、必然と重心はリテラシー（読み書き）、それも「学習言語」のリテラシー習得に傾きます。

それに対して、日本の小学校で学ぶ英語は「外国語としての英語（English as a foreign language：ＥＦＬ）」です。現在は週に原則一コマしか学びません。英語の授業が終わればすべて日本語の世界です。そして、全教科を英語で学べるようにするのが目標でもありません。学習指導要領によると、小学校の外国語（英語）の学習目標は「コミュニケーションを図る基礎となる資質・能力を育成すること」であり、身近で簡単な事項について四技能を使いながら表現したり理解したりすること、また、文化理解を深めることなどがあげられています。

ちなみに、近年英語教育が重視される中で、英語教員の海外研修も広まっています。研修先は内心円の国になりますが、そこで必ず含まれる活動が、現地学校訪問です。日本の英語教師がＥＳＬの授業を参観して現地のＥＡＬ教員が実践している英語指導から指導法を学ぶ、という趣旨です。もちろん教師の生徒との関わり合いなどで参考になる点もあるでしょうが、学習目標がかけ離れているので、教室環境や教授法から学べることは日本の英語教育に直接応用できません。教え方からヒントを得るには、経験豊富で教え方に秀でている外国語教師、たとえば米国の小学校・中学校・高校で日本語やスペイン語を教えている教師の授業を参観した方が参考になるでしょう。

†年齢と言語習得の関係

それでは、言語習得と年齢とはどのような関係にあるのでしょうか。年齢と言語習得の関係を説明するのに「臨界期」という概念がよく使われます。これは、ある能力が発達するのは一定の年齢までであるという仮説です。したがって、一定の年齢までに言語習得を行なわなければ、その後は能力が固まってしまい、習得が困難になるという説です。

年齢と言語習得との関係については、バトラー後藤裕子が『英語学習は早いほど良いのか』という著書で海外や国内の学術的研究を概観しています。

バトラーのまとめを先に述べると「付加言語習得」環境の場合、言語習得に年齢的要因が関与することはわかっていますが、臨界期のような特別な期間は存在せず、「年齢的制約は、さまざまな要因と絡み合い、ダイナミックで複雑な様相を呈す」と考えられます。それに対して、「外国語習得」の場合は、「早ければ早いほどよい」という考えは、支持されておらず、むしろ逆を支持する研究報告がある、というのです。

それでは、それぞれのケースを考えてみましょう。

†付加言語習得と年齢

「付加言語習得」の場合、習得開始年齢が早いほど最終的にはより高い能力に到達するという研究が多くあります。とくに発音などの音声習得に関しては、早期に始めた方が有利であるとされています。また、形態素および統語、つまり文法の習得も、早く学習を始めたグループの方が遅く始めたグループより全般的には有利であるが、形態素・統語の実験項目によっても差があり、一概には結論づけられないとされています。

言語学習開始年齢と言語習得の関連性は、教育研究でも指摘されています。これはたとえば北米の初等・中等学校教育に通う移民の子どもたちを対象とした研究です。幼少に移民してきた子どもと思春期に移民してきた子どもの英語習得度を比較すると、おしなべて「幼い方が結果的によいが、年長の方が速い」という知見が得られています。つまり、幼い時に学習を始めると長いスパンでは高い英語力が得られるが、年長学習者の方が幼い子どもより習得度が速い、という意味です。年長者がより速く習得できる原因は、高い認知力を活用して、文法や語彙を分析的に理解できるからであるとされています。

さらに、個人差や適性もあり、成人になってから学び始めてもかなりのレベルまで習得できるケースもあります。たとえば、パックンの名で知られる米国出身タレントのパトリック・ハーランは二三歳で来日してから日本語を学び始めました。同じく米国出身で詩人のアーサー・ビナードは二二歳で初めて日本語に出会い学習を始めました。ふたりとも高い日本語能力を持っていて、日本語で詩作もするというまれに見る才能です。また、大相撲の外国人力士が短期間で日本語が上達することもよく知られています。が、これら日本語の非母語話者が母語話者とまったく同等の言語能力を持つかと言えばそうとも言えないかもしれません。

ただ、幻想1で論じたように、英語に限らずどの言語でも、ネイティブスピーカーとノンネイティブスピーカーとを客観的に線引きをするのは困難です。そして、言語能力には、音声・形態素・統語から始まって、待遇表現やリテラシーまで含まれます。そう考えると、ネイティブスピーカーでさえ個々の言語要素に能力差があるのは明らかです。

ネイティブスピーカーを標準とした規範主義では、ノンネイティブスピーカーは永遠に「L2ラーナー（第二言語学習者）」になってしまいます。それに対して、ビビアン・クックが提唱する「L2ユーザー（第二言語使用者）」という概念は、前述の成功した言語習得者を「母語話者もどき」（不完全な母語話者）ではなく、ユニークで高い能力のある正統な言語使用者として認めます。まさに外国人力士のような人びとは有能なL2ユーザーであると言えるでしょう。そもそも付加言語習得の研究を行なうのに、被験者の言語力をネイティブスピーカーの言語力と比較すること自体、妥当性がないと考えられます。

†外国語習得と年齢

外国語習得と年齢の関係について、おもにヨーロッパで外国語としての英語習得に関する研究が行なわれています。カルメン・ムニョスらの研究チームが行なった大規模・長期間の研究が代表的です。これはバトラー後藤裕子が紹介しています。また、シモン・フェニンガーとデイビッド・シングルトンの行なったスイスにおける研究も最近出版されました。これらふたつの研究では、小学校（八歳）から英語を学び始めたグループとそれより後（一一歳・一四歳・一八歳、あるいは一三歳）から英語を学び始めたグループを比較し、英語の熟達度を長期にわたって測定しています。

その結果「年長の方が速い」という現象は付加言語習得の場合と同じでしたが、「幼い方が結果的によい」という現象は見られませんでした。たとえばフェニンガーとシングルトンの研究では、中学校入学から六カ月後と約六年後（中等学校卒業時）の英語熟達度を、小学校から学習していたグループと中学校から開始したグループとで比べました。一回目の測定時でさえも、中学校開始グループは小学校開始グループに追いつき、語彙理解と表現語彙の豊さをのぞいては、小学校開始グループより高い能力を示したのです。約六年後の測定では両者の間に有意な差はありませんでした。

つまり、小学校から英語を学んでいても、中学校から学び始めた生徒と比べて、英語習得での有利さは証明できなかったのです。そして、興味深いことに、スイスとスペインのこれらの研究では、とりわけ一二歳ごろに形態素・統語の習得度が大きく伸びることがわかりました。

なぜ外国語環境では幼少時から学び始めても学習効果がないのでしょうか。ひとつの大きな要素は、付加言語習得環境と比べて、圧倒的にインプットとアウトプットの量が少ないからです。フェニンガーとシングルトンはこんな計算に言及しています。生後、自然環境で五年間ことばを習得するのは、外国語学習九〇年間に相当するというのです。あるいは、週五時間の外国語授業を一年に二〇〇時間受けても、自然習得環境の中での言語習得（一日一〇時間とする）に換算すると三週間に匹敵するのみです。

この計算を二〇二〇年からの日本の小学校英語に当てはめてみます。五・六年生は年間七〇コマ、三・四年生は三五コマの英語の授業を受けることになっています。小学校で一コマは四五分です。これを自然習得環境に置き換えると、一年間でそれぞれたったの五日と二日半ほどに過ぎないのです。中学と高校の授業時間数も五・六年生の倍程度なので、十年間学校の教室で勉強しても、総時間数は自然習得環境の九〇日間に満たないと考えられます。寺島隆吉や山田雄一郎ら英語教育研究者は、これほどわずかな授業時間数に対して過度な期待値が設定されていることを問題視しています。

もちろん、学校の授業外でも、学習は行なわれます。また、習得度は授業時間数だけでは予測できません。さまざまな変数が関与しているからです。自然習得と意図的な習得とはプロセスが違います。そこで次にこれらの要因を考えてみます。

†習熟度は他の要素に影響される

小学校の授業時数は子どもが自然に言語を学ぶ環境と比べると微々たるものです。ただ、外国語環境であっても、学習者によっては教室外で学ぶ場合もあります。二〇一七年の「全国学力・学習状況調査」のうちの質問紙調査の結果では、学習塾で勉強している小学六年生は約四〇パーセントでした。塾での学習なども含め、学校の授業以外に一日あたり一時間以上二時間未満勉強している生徒は三七・一パーセント、二時間以上は二七・五パーセントいました。そのうちのすべてが英語に費やされるわけではありませんが、この学校外の学習時間も習得に寄与する可能性はあります。

前述のヨーロッパの研究では、学習開始年齢と習熟度との間には相関関係がなかったものの、授業外の学習活動や短期留学にかける時間などとは有意な関係がありました。音楽・映画などのポピュラーカルチャーやインターネットを通じた情報などを見たり聴いたりすることも語学力を高める作用があることが指摘されています。

ちなみに、外国語としての日本語学習でもこの傾向は顕著です。世界各地でアニメ・マンガに魅了されて日本語を学び始める学習者が多くなりました。独学でも一定レベルまで達するケースが増えています。

もちろんモチベーションがなければ、子どもたちも授業外で外国語に触れようとは思いません。いわんや教室学習でも学習意欲は習熟度に影響をおよぼします。フェニンガーとシングルトンの研究では、学習開始年齢よりモチベーションの方が外国語習得により強く関与することが示されています。

さらに、習得を左右する要因として、指導アプローチ・指導の質・学級環境もあげられます。指導アプローチに関しては、イマージョン教育、つまり外国語ですべての教科内容を学ぶ内容重視のプログラムの方が、従来の外国語を言語として学ぶプログラムより効果的であるとされています。ただ、この場合も、年少からイマージョン教育を始めても思春期から始めても言語の習熟度には大きな差がないことが明らかにされています。イマージョン教育はおのずから外国語を介した授業時間数が多くなります。前述のように、外国語環境では、学習時間の長さが効果をもたらします。また、短期留学のように学習を集中させる学習プログラムの方が通常のプログラムより効果があることも一部の研究では明らかになっています。

まとめると、学習開始年齢と習熟度との関連性は実証研究では証明されていません。それより学習の量（時間数）・集中度・質が影響することがわかっています。

†母語習得にマイナスの影響がある？

母語も確立していない子どもに英語を勉強させると母語も中途半端になるので、小学校への英語導入は反対だという意見もあります。この前提には、脳の中の言語処理のスペースは限られており、母語以外の言語を学ぶためには、母語のスペースをしぼませて新たにスペースを作ってやる必要があるという認識があります。

しかしこれは、バイリンガル教育研究者であるジム・カミンズが提唱した言語的相互依存仮説によって反証されています。この仮説によると、バイリンガル（あるいは多言語）習得において、ふたつの言語は表面上それぞれ異なるシステムに見えますが、基底の認知レベルでは共通の言語能力によって支えられているのです。これは、海に浮かぶふたつの氷山の断面図で図式化されます。この仮説は、世界各地で行なわれているバイリンガル教育の妥当性の根拠となります。つまり、付加言語・外国語習得は母語習得と相互依存しながら、あるいは双方向に転移しながら発達するからです。

たとえばカナダではフレンチ・イマージョンというフランス語のバイリンガル教育が選択制としてあります。カナダの公用語は英語とフランス語ですが、フランス語はおもにケベック州のみで使用されており、歴史的にもマイノリティ言語です。そこでケベック州以外で英語話者の子どもたちがフランス語で教科内容を学べるようになっています。

いくつかのモデルがあるのですが「早期イマージョン」の場合、小学校入学時からほぼ一日中授業を子どもたちの付加言語であるフランス語で行ないます。その後、二、三年後に英語が導入され、次第に英語の授業時間数は増えますが、フランス語による指導も高校卒業時まで継続します。

このプログラムでは、母語以外の言語で教科指導が行なわれるので、母語の導入は遅れますが、母語の発達や学力などには何らマイナスの影響がありません。「母語が確立する前に外国語を学んでも母語へのマイナスの影響はない」というわけです。

ただ注意したいことは、このプログラムでは英語を媒介とした教科指導も徐々に行なわれます。すべてがフランス語で行なわれるわけではありません。両言語を通した学習であればこそのバイリンガル教育です。

フレンチ・イマージョンには中学生から始まる「後期イマージョン」モデルもあります。

ここでも「早く始めた方がいいのか」という疑問が出ます。「早期」と「後期」に始まるプログラムで学んだ学習者の学力と言語力を比較して見ると、答えはやはり「大きな差はない」という結果になっています。

†心的要因などの個人差もある

日本の小学校英語導入への懸念として、英語嫌いが増えるのではないかという心配もあります。実際、フェニンガーとシングルトンの研究では、中学校入学後の測定において、小学校学習開始グループの方が中学校開始グループより学習に対する不安感が高かったという結果が出ています。ただ、六年後には両方のグループとも自信や不安など心的要素の度合いには変わりがありませんでした。

さらに、付加言語習得と同様、外国語習得には個人差もあります。個人差の中にはモチベーションその他の心的要因・他の認知的能力・家庭の経済力などが含まれ、それらが習得に関与すると考えられます。

その中でも、母語での読み書き能力の個人差には触れておく必要があります。五・六年生で英語が教科化され、英語での読み書きも導入されるからです。そこで、次に母語の言語処理能力と外国語習得とはある一定の関係があることを見ていきましょう。

†母語処理能力と外国語習得

先に紹介した言語的相互依存仮説によると、母語の読み書き能力は、英語の読み書き能力にも転移するはずです。ただ、母語には目立った問題がないのに、なかなか英語が上手にならない子どももいることは事実です。これはどういうわけでしょうか。

一九八〇年代に、応用言語学で「外国語不安」つまり言語学習に対する不安・緊張・焦りなど心的現象についての研究が盛んになりました。このころ、学習に対する不安や緊張があると言語習得にマイナスの影響をおよぼすという仮説が提唱され、言語教授法にも一石を投ずることとなりました。

しかし、この概念に疑問を呈した米国の教育心理学者がいました。レオノール・ガンショーとリチャード・スパークスらです。これらの研究者たちは、外国語不安が言語習得のマイナス要因を引き起こすのではなく、言語習得が思うようにはかどらないことが外国語不安をもたらすのではないかと推測しました。では、言語習得がうまくできない原因は何でしょうか。

着目したのは、母語の処理能力です。つまり、音韻と文字の識別能力ならびにそれが基本となる読み書き能力が、外国語の四技能と正の相関関係があるということがわかってきたのです。この研究は米国の中等・高等教育で外国語としてスペイン語・フランス語・ドイツ語を学ぶ英語話者を対象に行なわれてきました。

音韻認識は、たとえばcatという単語がkætという音素からできていること、また、文字認識は、文字と音韻とのあいだに一定の規則があることの認知です。ここに重度のつまずきがあると、「読字障害（ディスレクシア）」、あるいは書く作業も含めて「発達性読み書き障害」と認定されることがあります。これは、学習障害の中核をなす症状のひとつです。日本語でもこの問題は生じます。日本語のカナは音節単位の表音文字ですが、漢字になるとさらに学習が複雑になります。

ただ、この認識能力や読み書き能力は、あるかないかではなく、どの程度あるかの問題です。そしてこの能力が高ければ外国語能力も高く、低いと外国語学習に困難をきたす恐れがあります。さらに厄介なことに、国語力が平均値の子どもの中にも外国語学習がスムーズに進まないケースがあります。母語学習の場合は、多少のつまずきがあっても根気よく学び、足りない力を努力で補うことで平均的な読み書き能力を発達させることができるからです。ところが、まったく異なる言語学習となると、微細な弱点が表面化してしまうこともあるのです。

対処法としては、多感覚アプローチ、つまり視覚・聴覚・触覚・動作を融合した指導法が効果的だと言われています。ただ外国語を聞かせて言わせるだけでなく、視覚情報や動作で意味を補ったりすることで理解が深まります。たとえば道案内の仕方を外国語で学ぶとき、単語や会話文を実際に文字で読んだり、右左などの方角を動作とともに言ってみたり、地図を見て道順を指で追ってみたりすることは有効でしょう。また、スペリングに見られる音と文字との結合ルールを教えるフォニックスや、文法などの言語構造をわかりやすく教える明示的な指導方法も効果的だと考えられています。

小学校で英語の読み書き指導が始まっても、子どもはスポンジのようにことばを吸収するからといって自然の言語習得プロセスにならって教えようとすると、子どもによっては、かえって大きな負担になる可能性があることを念頭に入れるべきでしょう。

†小学校での外国語教育には意義がないのか

外国語学習の場合、年少者は習得に有利であるとは言えないことがわかりました。習得の度合いは、学習開始年齢より他の要因に影響されています。とくに、学習の量・質・集中度を高めることの方が、年齢の要因より重要だということもわかってきました。また、一二歳ごろに形態素・統語の習得度が一段と伸びるという研究結果などを加味すると、英語教育の小学校への導入は効果がなさそうです。その代わりに、中学校からの授業時数を増やし、少人数学級の体制を整え、教師研修を強化することによって質のよい指導を行なうことが、生徒の英語力を高めることにつながると言えるでしょう。

ただ、小学校で週に一、二時間の外国語指導にはまったく意義がないのでしょうか。教育の目的と状況にもよります。拡張円の国々の英語教育は英語の世界的覇権に影響され、白人ネイティブスピーカー崇拝や英語至上主義を強めてしまう危険性があります。その傾向を逆行させるために、英語だけにこだわらない異文化・異言語理解教育が実現できれば、大きな意義があるでしょう。また、幻想7で紹介した「越境コミュニケーション」能力、たとえば歩み寄り伝え合おうとする態度や、コミュニケーションのためのストラテジーなどを培う指導も大切です。英語能力だけがグローバル人材につながらないことを見てきましたが、このような視野の広い言語・文化教育は真の意味での自他の理解につながるのではないでしょうか。

幻想9

英語は英語で学んだ方がよい

外国語を習得するには「できるだけ早く多く、できるだけ母語を使わず」そのことばに触れた方がいい、という一般認識があります。しかし幻想8で見てきたように、「できるだけ早く」は今までのところ科学的裏づけがありません。「できるだけ多く」は、外国語環境の場合、学習時間を集中的に多くするという意味では効果があるようです。付加言語習得の場合では、そのことばの環境につねに身を置いていれば、その言語に接する時間がそもそも長くなるので、「できるだけ多く」はおのずから満たされます。それでは「できるだけ母語を使わず」はどうでしょうか。

英語教師からよくもらうアドバイスに「英和辞典でなく、英英辞典を使いなさい」とか「英語で考えるようにしなさい」などがあります。また、英語圏の国々でよく聞かれる意見にはこのようなものがあります。「移民の子どもはできるだけ英語漬けにしなければ英語が上達しない。自宅でも（両親が英語を話す話さないを問わず）英語だけを話した方がよい」という主張です。外国語・付加語にかかわらず、目標言語オンリーのアプローチが最良であるという見解を、英語帝国主義の批判論者であるロバート・フィリプソンは「モノリンガル誤信」と名づけています。

近年、このモノリンガル・アプローチが「授業は英語で」という形で高等学校、次いで中学校の学習指導要領に盛り込まれるようになりましたが、英語オンリーのアプローチはやはり「誤信」なのでしょうか。それとも効果的なのでしょうか。

†授業は英語で

二〇一三年度から高等学校で「授業は英語で行なうことを基本とする」という方針が実施されています。その後、その実効性の検証もないまま、二〇一三年には中学においても英語で授業を実施することが「第二期教育振興基本計画」に盛り込まれました。二〇二〇年から実施される中学校学習指導要領では、こうあります。

授業を実際のコミュニケーションの場面とするため、授業は英語で行うことを基本とする。その際、生徒の理解の程度に応じた英語を用いるようにすること。

高校の学習指導要領でもほぼ同じ文言が使われています。ここでは、生徒の理解の程度を念頭に入れた指導が規定されていますが、実際の学校現場では、英語オンリーを強要される動きがあるようです。和歌山大学教育学部で英語教員養成に携わっている江利川春雄は、ある教育現場の状況を報告しています。それは、アルファベットも十分に書けない高校生に日本語を媒介に寄り添う指導より、英語だけで授業することの方が、指導主事から高く評価されているというのです。

しかし「授業は英語で」は、海外の応用言語学ならびに英語教育における最近の動向からは支持されていない指導法です。そこで、ここでも、英語圏における付加言語学習と非英語圏における外国語としての英語学習とに分けて、学術的知見を概観してみます。「できるだけ幼少時から」という議論と同様、「できるだけ目標言語で」という方針に関しては、研究者の間で一定の同意がありますが、状況によって対応が異なってくることも確かです。

†移民の子どもは英語漬けにするべきか

付加言語習得の場合、子どもたちはできるだけ早く現地の学校ですべての教科の授業を理解できるようにならなくてはいけません。そこで母語は使わず現地のことばで教育するのが一番だという主張が支持されがちです。

これはある種の同化主義であり、言語的少数派が多数派社会で生きていく中で強要されてきた概念です。歴史的に少数派は言語だけでなく文化も奪われてきました。これは、日本のアイヌ・琉球民族も含め、世界各地の先住民族たちがたどってきた歴史です。日本の近代化における標準語運動でも、方言撲滅運動が起こり、教室の中で方言を使用することが禁止されました。沖縄などで使われた方言札は一種の罰則で、方言を使うと首にかけられ、それをはずすためには次に使った子どもを見つけなければなりませんでした。

そこまであからさまに強制しなくても、移民の現地語習得は、いわば当然のこととしてとらえられています。そして、現地語漬けはデフォルト政策です。つまり、特別な教育施策を行なわない限り、現地語漬けが原則なのです。

これは、日本の学校でも見られます。一九九〇年代からいわゆるニューカマーと呼ばれる外国人労働者が増えましたが、家族連れで来た場合、子どもたちはたいてい公立学校に通います。国際教室が設置されている学校では、その教室への取り出し指導を通して「日本語」を学んでいます。ところが、まったく通学しない未就学児の問題も出てきました。憲法に規定されている教育の義務は「日本国民」だけに適用するので外国籍の児童生徒には当てはまらない、という根拠で放置されていますが、これは人権無視の排除の論理であると言わざるを得ません。

が、それはさておき、この現地語漬け方式は教科内容を学ぶのに有効なのか、という議論が米国で一九七〇年代から巻き起こりました。一九七四年に「ラウ対ニコルス訴訟」で、英語のできない児童が英語だけの授業を受けさせられるのは、教育機会均等をうたう公民権法に違反するという最高裁判所の判決が下されました。

その後米国では、移民対象の母語支援教育が地域によって行なわれるようになりましたが、このバイリンガル教育は「英語オンリー運動」という政治運動から批判を受け、長年、政争の具ともされてきました。

しかし、さまざまな研究によると、質の高い母語支援、とくに教科内容を母語で教える内容重視のアプローチは、移民の子どもたちだけに行なう取り出し授業などの英語のみによるアプローチより、長期的に見ると高い英語力が身につくことが証明されています。つまり、母語支援が付加言語習得に有効である、という結果です。

これは、幻想8で触れた言語的相互依存仮説によって説明できます。母語の学習言語、とくに読み書き能力は英語の能力にも転移するのです。母語から付加言語への転移は、文字認識を含めた読み書きの活動における言語的気づきや学習ストラテジーも含まれます。とくに年齢の低い子どもの場合、すでにある母語の口語表現力を母語の文字表記と結びつけて学習する方が、新しい言語の四技能をゼロから学ぶより効果的なのです。

†外国語環境では英語オンリーにするべきか

外国語環境においても、モノリンガル・アプローチの効果は研究者によって疑問視されています。グラハム・ホールとガイ・クックは、世界各地の英語教育における母語の役割について発表されたさまざまな研究論文を概観しています。研究者たちがおおむね合意している点は、外国語学習において学習者の母語は学習を促進させるリソースであり、学習上あるいは指導上、いろいろな点で有用な役割を果たしているという認識です。

言語学習そのもの、たとえば、文法や語彙を学ぶ際、母語は役立ちます。語彙習得研究の第一人者であるポール・ネイションは、語彙学習のストラテジーに関する先行研究をまとめて、語彙学習において母語を介して学ぶのは最も有効であると結論づけています。

最近の研究では、エルネスト・マカロらが語彙学習に関する実証研究を行なっていますが、やはり、母語がポジティブな役割を果たすことがわかっています。韓国での研究では、年少者（一一歳から一二歳）と年長者（一八歳以上）の学習者を比べると、両者とも母語を介した学習が有利に働いたが、その有利さは年少者の方が高かったという結果が出ています。

もちろん、知らない単語を知っている単語で置き換える、というのは、コミュニケーション・ストラテジーとしては大変有効です。これは幻想8で述べました。ただ、抽象的な単語などは、母語を通した方が数倍早く理解できるでしょう。臨機応変に対応することが必要だと言えます。

母語の役割はそれだけにとどまりません。授業の運びを円滑にしたり、学習者の社会的・心理的ニーズを満たしたりしてくれます。学校における英語指導では、ひとクラス三〇名あるいは四〇名もの学習者の注意を引きつける必要があります。ひとりひとりの学習者のモチベーション・ニーズ・能力は異なります。効率的な授業運営をするためには母語が有用です。

さらに母語を活用することは「言語アウェアネス」あるいは言語に関する気づきの育成に寄与します。母語と目標言語の共通点・相違点・社会的意義・政治性などに気づくことは幅広くコミュニケーション能力を育成する点で不可欠だと言えるでしょう。

翻訳も気づきをさらに深めることに役立ちます。従来の読解や短文の英作文で用いられる翻訳ではなく、身近なテキストの翻訳作業などもアクティブラーニングの一環として行なう意義があります。たとえば地域コミュニティーで実際に使える標識・注意書き・パンフレットなどの翻訳作業などは意義のあるアクティビティでしょう。

ただ、外国語教育環境における母語の役割や目標言語の理想的な割合などについて、実証研究ではまだわからないことが多いのです。外国語学習において、モノリンガル・アプローチとそうでないアプローチを比較研究するのは困難です。学校では、そもそもモノリンガル・アプローチにもとづく教育プログラムというものが存在しないことから、実証的な比較研究を行なうことは難しいからです。とくに外国語習得には長期間を要するため、故意にふたつのグループを作り長期間に渡って実験するとなると、倫理的な問題が生じます。

†トランスランゲージング

海外の応用言語学研究を見ると、一般的に、付加言語学習および外国語英語学習における母語の有用性は認められています。加えて近年、多言語使用メカニズムに関して、トランスランゲージング（translanguaging）あるいはトランスリンガリズム（translingualism）という概念が提唱されています。

従来、バイリンガル、あるいはマルチリンガルの言語使用者、たとえば日本語と英語のバイリンガルは、両言語の完全な知識を別々に備え、日本語を使用するときには日本語の標準に合わせて使い、英語を使うときには英語の標準にしたがって使うとされてきました。

しかし、トランスランゲージングの概念では、このような言語間の明確な仕切りはありません。そして、自己の言語能力の総体をベースに、そこから特定の場や状況やニーズに即した言語形式や意味を引き出して柔軟に言語を操る、という見方です。この概念では言語能力は完全な知識のシステム運用ではなく、個人それぞれユニークに持ち合わせる言語リソースの活用と考えられます。

トランスランゲージングでは、ひとつの言語以上を混ぜて用いるコードミキシングやコードスイッチングが自然現象として肯定・奨励されます。普通コードミキシングは、ひとつの文など短い単位の中でことばを混ぜる現象で「友だちの婚約者はgood looking」などの発話に見られます。その一方で、コードスイッチングは文単位あるいはさらに長い談話の中で、他の言語に切り換えて発話することを指します。英語で指示を出していた高校の英語教師が、日本語に切り換えて説明するなどが例です。コードミキシングは言語を習い始めた子どもや学習者が単語の知識不足を補うためによく使うストラテジーで、コードスイッチングは、ときには意図的にも使われ、ある種の社会的機能を果たすと考えられます。

言語教育は、もとより純粋主義に流れやすく、ことばをミックスすることは敬遠されがちでした。しかし、このようにふたつ以上の言語を混ぜて使うことは、本来自然な言語行動であって抑制するべきものではない、という意見が主流となってきました。

とくに言語的少数派に属す学習者たちには、同化への重い圧力が暗黙のうちに課され、標準語の規範的用法の方が、自己の継承言語や文化よりすぐれている、という価値観に圧倒されてしまいがちです。そこで、豊かで誇り高き自己表現を育む目的から、トランスランゲージングが推奨されています。

ただ、実際に二言語以上を混ぜて使うことが認められるのは、通常教室内での学習活動や日常生活における自己表現に限られるでしょう。テストなどでは、規範的正しさが求められ、母語を混ぜて英語を書いたりすると減点対象となるのが普通です。また、学術的あるいは文学的文章の場合、コードミキシングはよほど卓越した学者や作家によってしか用いられないことも事実です。理想と現実を見極めたアプローチが必要でしょう。

†モノリンガル・アプローチは必ずしも害ではない

母語を駆使した学習や指導は、付加言語習得および外国語習得において有効であることがわかりました。では、英語漬けの学習方法はよくないのでしょうか。実は、時と場合によっては効果的なこともあるのです。英語学習開始年齢と英語習得との関係と同様、母語を介して教えるか否かと英語習得との相互作用は複雑で、関与する要素が多岐にわたります。

たとえば、付加言語習得の環境において、母語を共有する学習者が同じ教室に数多くいるとします。その場合、学習者同士、どうしても楽な母語に依存してしまい、目標言語を使う機会をみずから逃してしまう可能性があります。その場合に、教師は戦略的に目標言語オンリーのポリシーを打ち立てることで、練習の機会を増やしてあげることができます。

外国語環境では、より一層目標言語に接する機会が少なくなります。したがって、ここでも戦略的なポリシーは効果があるかもしれません。ただし、学習者の年齢・言語力・モチベーション・クラスの雰囲気などを加味する必要があり、どの状況にも英語オンリーが適用できるわけではありません。

さらに戦略的ポリシーを用いる場合、その意図と意義を明確に学習者に伝えなければ、意に反して同化主義・植民地主義・言語帝国主義を是認するイデオロギーに加担してしまう可能性があります。指導力が問われるでしょう。

また、母語が外国語習得に大きな役割を果たす、ということは、必ずしも今まで通り母語を介した授業をすればよいわけではありません。外国語教育のひとつの目標はその言語で理解したり表現したりできるようになることです。

言語の受信モード（聞く読む）と発信モード（話す書く）と比較すると、外国語学習の場合、発信モードの方がより多くの努力を要し、心理的に負担がかかります。そこで、同じモノリンガル・アプローチを使っても、受信モードの方が発信モードより学習者にとっては負担が少ないのです。受信モードで理解可能なインプットをできるだけ多く学習者に与えることは言語習得につながると言われています。このインプットはできるだけ目標言語であるべきです。

教師が与えるインプットを理解可能なものにするためには、幻想7で見た駐在員が用いるコミュニケーション・ストラテジーが有効です。つまり、平易な単語に言い換える・繰り返す・ゆっくり話す・ジェスチャーや実物を使う・理解を確認するなどの方法が有効です。また、読み書きにつまずいている学習者だけでなくすべての学習者にとって、多感覚アプローチも役立つでしょう。

発信モードに関しては、まず発信のための足場を作ってあげ、いくつかのステップを踏んで最終的に発信できるように、寄り添った指導をすることが必要です。学習者の心理的負担も考慮し、初めから強要しないことが重要です。また、前述のトランスランゲージングの理念にそって、相手と目的と状況によっては母語混じりの英語も許容し、自己表現の手段として活用させることもよいでしょう。

†思慮分別ある判断で

海外の応用言語学の潮流は、言語習得における母語の役割を重んじる傾向にあります。これは、実証的・理論的・理念的な知見にもとづいています。目標言語を介して教科内容を学ぶイマージョン教育であっても、母語の役割は重要視されています。授業を英語で行なえば英語の習得が促進されるという確証はありません。

授業をどの程度、どのように英語で行なうべきなのかは、最終的に学習者の属性や学習環境も含めたそれぞれの状況によると言えます。生徒が理解できないのに英語だけで授業を進めても意味はありません。また、従来から批判されてきたように、英語でできるところをすべて日本語で教えてしまっては英語習得につながりません。教師の判断力と指導の質が問われているといってよいでしょう。

また、ここではおもに学校など正規の教育に焦点を合わせてきましたが、正規の教育外で学ぶ学習者も多くいます。その中には、みずからをイマージョン的状況に置いて、外国語漬けの学習をしたいという場合もあるでしょう。前に触れた日本語の達人たちはその例です。目標言語に接する量は、学習者アイデンティティにも関わってくると言えるでしょう。

幻想10

英語を学習する目的は英語が使えるようになることだ

高校までの英語教育の目標は学習指導要領で定められています。たとえば、中学校では、英語の仕組みを理解することや四技能を身につけることに加えて、「外国語の背景にある文化に対する理解を深める」ことも明記されています。英語や英語使用者の多様性を考えると「外国語（英語）の背景にある文化」とは何なのか、大きな疑問がわきますが、それはともかく、正規の教育における外国語学習の目標は、言語技能の育成のみでないことがわかります。

ただ、実際には、学校や大学の英語教育で重心が置かれるのは、四技能であるといってよいでしょう。つまり、英語を学ぶ目的は英語が使えるようになることです。これは、二〇〇二年に文部科学省が発表した「英語が使える日本人」の育成という政策の題目にも明確に表れています。

しかし、英語学習者は学校や大学で正規の授業を受けている者だけではありません。英会話を学んでいる人口は若者から年配者まで広く存在します。また、TOEICの点数を上げるために自己研鑽している成人も数多くいます。

これらの学習者も英語が使えるようになることをおもな目的に学んでいるのでしょうか。言い換えると、英語学習の目的はつねに実用主義でなければならないのでしょうか。本章ではまず、学校における英語教育の目的論を概観し、次にインフォーマルな学びについて考えてみます。

†学校で英語を学ぶ目的

現在英語は小学校一年生から四年生を除く義務教育で必修となっています。二〇二〇年からはさらに小学校三・四年生も学ぶことになります。寺沢拓敬は、『「なんで英語やるの?」の戦後史』で、戦後、中学校と高等学校で英語が事実上の必修科目になった経緯を検証しています。ひとつの要因として、「戦前から流通していた文化教養説の利用による、非スキル面育成の意義」があげられています。つまり、英語が国民全員に必要でないにもかかわらず全員が学ぶ目的を正当化するために持ち出されたのが、スキル以外の目的、つまり教養に関わる概念だったのです。

これが明確に表れているのが一九六二年に日本教職員組合から出された、「外国語教育の四目的」です。江利川春雄によると、当時の組合加入率は九割近かったので、英語教員の総意が反映されたものだったと言えそうです。その後、二〇〇一年に改訂されたものが次の通りです。

一．外国語の学習をとおして、世界平和、民族共生、民主主義、人権擁護、環境保護のために、世界の人びととの理解、交流、連帯を進める。
二．労働と生活を基礎として、外国語の学習で養うことができる思考や感性を育てる。
三．外国語と日本語とを比較して、日本語への認識を深める。
四．以上をふまえながら、外国語を使う能力の基礎を養う。

外国語（英語）を通して広くグローバルな倫理観を養うこと、ならびに国際理解と交流が最初にかかげられています。さらに、思考・感性・日本語への認識もあげられ、最後、四つ目に、外国語を使う能力の基礎を養うことが他の三目的をベースに達成されるとしています。

江利川は、『学校英語教育は何のため？』の中で、一九六五年に出された「現代外国語教育に関するユネスコ勧告」を引き合いに、「外国語教育の目的には「教育的目的」と「実用的目的」の二つがあり、両者は密接不可分であること」が明らかにされていると指摘しています。それは、義務教育において、多様な興味や能力を持つ生徒たち全員を教育しなければならないからです。そして次のように提言しています。

学校における外国語教育の目的は、仮にすぐ実用レベルに達しなくても、世界の人々と平和的に共存するために、外国語学習を通じて思考や感性を育て、母語を含む言葉や文化の多様さと面白さを気づかせ、必要なときに自分で対応できる自律学習者を育てることなのです。(三五頁)

近年の学校教育施策では、実用面だけを強調する傾向にありますが、本来の公教育に立ち返ると英語教育の目的は英語を使えるようにすることだけではないはずです。

†学校や大学以外で学ぶ英語学習者

右記の引用の中に、「必要なときに自分で対応できる自律学習者を育てる」とありました。ある意味でこの目的は達成されているかもしれません。というのも、学校や大学を卒業して社会人になってから英語を学ぶ人びとが数多くいるからです。正規の教育機関以外で英語を学んでいる人口は実際どのくらいなのでしょうか。

経済産業省が行なっている「特定サービス産業実態調査」というデータがあります。これは、サービス業の中の計二八業種の実態を調査したものです。その中の業種のひとつが「教養・技能教授業」で、「外国語会話教授業務」が含まれます。二〇一五年の報告書を見ると、その受講者数・利用者数は約一一〇万人となっています。「教養・技能教授業」にはカルチャーセンターも含まれます。カルチャーセンターにも外国語教室があるはずですが、それは別個の業務として調査されていませんので、受講者数はわかりません。それも含めればさらに受講者数は多くなるでしょう。また、この調査は「外国語」という大きなくくりでデータを収集していますので、英語だけの学習者数はわかりません。しかし、おそらく英語学習者が大半を占めるのではないかと推測されます。

そしてさらに、このような統計には含まれない学習者もいます。たとえば仲間で自主的にグループを作り指導者を探してインフォーマルに学んだり、独学で学んだりする人びともいます。それを全部含めると、どのくらいの人数になるのかは想像もつきません。

それでは、このような学習者たちはどのような目的で英語を学んでいるのでしょうか。

†英会話の研究

私は二〇〇七年に一年間、地方の中都市で成人の英会話学習に対する意識や体験を調査研究しました。手法としては、インタビューならびに参与観察、つまりレッスンへの参加を通して行ないました。

英会話に関する先行研究は少ないのですが、ロズリン・アップルビー、ケイロン・ベイリー、カレン・ケルスキー、キミエ・タカハシなどがとくに英会話とジェンダーについて論じています。それによると、英会話学校は講師である白人男性のイメージをテコにすることで、女性の学習者たちの恋愛的「あこがれ」を沸き立たせ、経済効果を生み出していると指摘されているのです。逆に考えれば、白人男性の英語ネイティブスピーカーは英会話産業によって商品化されていると言えます。とくに、英会話学校の広告には、従来から白人のイメージがよく用いられてきました。

ただし、逆にミサコ・タジマは、最近人気が高まる格安オンライン英会話に注目しました。そしてフィリピン人女性英会話講師と日本人男性学習者との恋愛的感情に着目し、英会話が学習者の男性らしさを追認する場となっていることを指摘しています。

このような学習の動機を見ると、英語を学ぶ目的は、英語が使えるようにするためというう実用的なものではなく、英語を学ぶこと自体が情緒的欲求を満たすための手段であるとも考えられます。

そのような状況が地方都市でも見られるのかどうか、また大手英会話学校における学習者の動機や体験が、社会の中に存在するイデオロギーとどのように関わっているのか調査したいと考えました。しかし、レッスン観察やインタビューの許可がなかなか得られず、最終的には、地域コミュニティーで英会話を学ぶ成人男女を雪だるま式に探して行き、研究に参加してもらうことになりました。

成人男女といっても、インタビューに応じてくれたのは、若年層から高齢者まで、高卒から大卒まで、ありとあらゆる人たちでした。職業は、会社員、それも事務職から工場労働者まで、自営業、医療関係者、学校教員経験者、求職中、主婦、国際交流ボランティアなどバラバラでした。

学びの場もさまざまで、昼間は、主婦や定年退職者が同好会のようなものを作り、公民館の一室を借りて行なう形式、少人数が集まり個人宅で行なう形式などがあり、女性が主体でした。夜間は、キリスト教会関係のレッスンで公共施設の一室を借りて行なうものなどがあり、男女とも学んでいました。講師は地域に住む白人ネイティブスピーカー男女でした。

結果としては、恋愛的「あこがれ」に関する語りは、それほど表立って現れることはなかったものの、ある程度聞かれました。そして、そのあこがれは女性だけにかたよっているとは限りませんでした。

しかしそれ以上に英会話学習と関わる顕著な要素として浮かび上がったのは「趣味」あるいは「余暇活動」としての学びという概念でした。そしてそれに付随する社会心理的恩恵が確認できました。ある意味で恋愛的「あこがれ」も余暇活動に連結していると考えられます。

その反面、実際の仕事や就職のために英会話を学んでいる男女もいます。この場合は明らかに英語が使えるようになることが目的です。本章ではとくに「趣味としての英会話」またはもっと幅広く「余暇としての学び」という視点を考えてみます。

†楽しみのための英会話

「なぜ英会話をやっているのですか」あるいは「どんなきっかけで英会話を始めたのですか」という質問に対して、明快に答えられなかった回答者がかなりいました。たとえば、三〇歳代の男性は、加工食品の倉庫に勤務しながら、毎週一回英会話レッスンに通っていました。この質問に、次のように答えました。

何ですかね。最初はね、わかんないな。日本人は英語できないじゃないですか。英語できないのはまずいなと思ったんですけど、日本で生活しているかぎりは、いらないじゃないですか。何だろうな。きっかけね。何でしょうね。

結局、この会話の中でわかったことは、中学校のころから英語は好きだったこと、そしてテレビの英語講座などで芸能人が英語を流暢に話しているのを見て、影響を受けたことでした。

その他のインタビュー協力者の動機としては、「英語を話す友達を作りたかった。昔からバイクのツーリングが好きで、会った外人と話をするのが好きだった」「交流するのが大好きだから、ちょっと知っている英語で世界の人と交流できるようになれば、すごい楽しいなと思う」「趣味が、映画とヒップホップ」などがあげられました。多くの場合「好きだ」「楽しい」といった感情が英会話学習と結びついていました。つまり使えるようになるということが一義的であるというより、学ぶこと自体そしてそれにまつわる活動に楽しみを見出しているのです。

もちろんことばが使えるようになることで人の交流が可能になります。「海外に行った時に現地で英語が使えて、必要最低限行って帰ってくるための語学力が欲しい」という実用面を理由にあげた男性もいました。さらに明確な目的もありました。ある二〇歳代の女性は、海外旅行で世界制覇をする夢があり、すでに二〇カ国以上訪問していました。ただ、このように明らかな実用的理由が明言できた回答者はわずかで、多くが、なんとなく、楽しいから、というあいまいな動機でした。

TENORつまりTeaching English for No Obvious Reasons（明らかな理由のない英語指導）という英語教育を揶揄した用語があります。英会話は、教師側からするとたしかに

TENORなのかもしれません。ただ、実用面での実益は明らかでないにしても、情緒面では、生活を豊かにしてくれるという役割があるのではないでしょうか。

†ボケ防止

私が訪れた英会話グループの中には、「コアラズ」（仮名）といって、週一回、午前一〇時から正午まで公民館の一室でネイティブの講師からレッスンを受けている同好会もありました。学習者は女性が大多数でしたが、高齢者の男性たちも加わっていました。レッスンの後でグループインタビューを試みました。次はその時のやりとりです。

女性1　○さんなんかは、どうして（英会話を）始められたの？
男性1　え？
女性1　英語の勉強、何で始められたの？
男性1　やっぱり興味みたいなことであまり深い意味はないです。
私　とくに家族の方が外国に行っていらっしゃったとか？
男性1　そういうのはないですね。
私　趣味みたいな感じ？

男性1　？
私　趣味みたいな。
男性1　まあそうですよね。ボケ防止。少しでもなれば。
男性2　本当にそれですよ。

これら年配の男性たちにとって、英会話は実用的というより「ボケ防止」という認知力保持の意味がありました。

†社交と趣味としての英会話

コアラズの一員である四〇代の女性は、のちのインタビューに応じ、次のように語ってくれました。

語学はねえ、おもしろいですよね。どっちかっていうと覚えるっていうよりもサークルで楽しんでいるっていう感じですよね。（中略）帰りに皆お昼食べに行こうかみたいな、楽しくて、そんなので続いているというか。本当に勉強したければやっぱりどこかのバリバリという学校へ行っちゃったりとかね。

このように、英会話のグループ・レッスンには、同じ趣味の仲間が時間と活動をともにし、社交の機会を楽しむという意味合いもあります。

そうすると、「趣味」としての英会話という概念が重要になります。人びとは英会話に限らずさまざまな趣味を持っています。インタビューに応じてくれた人たちの中にも、英会話以外にテニス・スキー・料理教室など複数の趣味を持っている人がいました。英会話はそのような趣味のひとつとして理解できるのではないでしょうか。

†余暇活動としての英会話

社会学の中に「余暇学」あるいは「レジャー・スタディーズ」という研究分野があります。ロバート・ステビンズは、余暇活動をシリアスなものとカジュアルなものに分類しています。シリアスな余暇活動は、写真・音楽・絵画・歴史研究などアマチュア専門家の活動に見られるように、特別なスキルや知識の習得につながります。したがって比較的長期間にわたって時間と労力が費やされます。

その一方で、カジュアルな余暇活動は、だれでも即座にかかわることができる活動で、受身的なもの（例：映画・音楽鑑賞、読書）、能動的なもの（例：ゲーム・観光・ウォーキング）、食事をしながらの社交的会話などがあります。
シリアスな余暇活動とカジュアルなものとは、いつもはっきり区別できるわけではありません。しかし、両者とも喜びや自己満足が得られるとともに、他者と活動をともにする場合は、社交の楽しみも得られます。英会話にいそしんでいる成人男女の語りをみると、英会話も趣味の実践である余暇活動ととらえることができます。人それぞれ時間と努力の投資に程度の差はありますが、「英会話」が専門家のキャリアには結びつきにくいことを考えると、英会話はどちらかというとカジュアルな余暇活動として位置づけられると言えるでしょう。

カジュアルな趣味は多くの場合、熱しやすく冷めやすい傾向もあります。なんらかの理由で楽しみが感じられなくなると、活動から離れることになります。活動の開始と中止には社会的制裁がないので、自己の意思で自由にできます。インタビュー回答者の中には英会話を長年続けている人もいましたが、多くは長続きしないようでした。

ある四〇代の女性は高校卒業後、正社員で働いていました。英会話はある意味、現実逃避の手段だったようです。ずっと続けるのかとの質問に、「ここに来てても何しに来てるんだろうという感じが自分でして、来るのはいいんですよ、でも進歩がないんで」と迷いながら答えました。その後しばらくして、結局英会話をやめ、テニスに専念するようになりました。英会話は他の習い事と同じような感覚なのです。

趣味としての英会話学習の特徴

カジュアルな余暇活動あるいは趣味として英会話を学ぶ学習者は、特別な努力を強いられると忌避反応を示します。前述のコアラズに参加している同じ女性の気持ちはこれを端的に表しています。

（以前教えてくれていたネイティブ講師は）難しいプリント持って来て「えーわからない」とか、みんなが分からないな、ついて行かれないとか言って。発音直されたりとかね。年齢とともにだんだんあまり発音直されるといやになる。それが何回も何回も直されて、「もういい」っていう感じで。そういうのあったんで、だからちょっといやだった人もいたみたい。

趣味としての英会話の学びに期待するものは、苦痛ではなく、やはり楽しみや喜びなのです。多くのインタビュー回答者は、学校時代英語が好きだったので、もっと話せるようになりたい、という気持ちで英会話を習い始めたと語りました。ただ、学校で習うように宿題を懸命にこなし練習するといった努力を要する学びは観察できませんでした。

私が観察した典型的な英会話レッスンの運びからも、この傾向がわかります。まず、レッスンはその週にあった出来事などを報告しあうことから始まり、講師が準備してきた話題について日本語と英語を混ぜておしゃべりするのが定番でした。

中には社交のためだけに来ているとしか思えない学習者もいました。年配で中小企業を営む男性は、英会話レッスンに毎週のように足を運んでいました。話好きで、身近な話題について日本語でながながと話すのがつねでした。講師はアメリカ人女性で、三〇年以上地元で活動しているバイリンガルの牧師でした。私はこのレッスンに何回も参加しましたが、この男性はついに一度も英語をしゃべりませんでした。

趣味としての英会話は、本来の学びではない、といってしまえばそれまでです。しかし、社交・楽しみ・あこがれなどを醸し出す学びは、言語学習の定義を根本から考え直すきっかけを与えてくれると言えます。

†恋愛的あこがれ

英会話を学んでいる女性たちのほとんどは、インタビューの中で先行研究にあるような白人男性に対する恋愛的あこがれを口にしませんでした。それは、プライベートな話題でおそらくあからさまに語ることがはばかられたのが理由なのかもしれません。

ただ、中にはひとりだけ、「外国人と結婚してハーフの子どもを産みたいと思っていた」と語った学習者がいました。これは前述の、英会話からテニスに習い事をかえた四〇代の女性です。既婚でしたが、夫婦仲はそれほど良好ではないと明かし、このように語りました。

（クリスマスパーティーで見かけたのは）外国人の旦那さんで奥さん日本人じゃないですか。あれうらやましいと思った。（中略）そういう風には、みえないかもしれないけど。相手さえいれば、外国人の男性と恋愛したいわって。

このような恋愛的あこがれは実際存在しているようです。調査協力者の中に、英会話学校兼学習塾を個人で経営している男性がいました。有名大学を卒業してから地域の製造業企業にエンジニアとして入社したのですが、リストラに遭い、転職を余儀なくされました。会社では仕事柄、残業も多く、人間を相手に仕事ができなかったことも英会話学校・学習塾経営を始める動機となりました。講師として雇用した日系人女性が、女性の学習者に敬遠されてしまったという体験談の中で、次のような感想を述べてくれました。

この業界は変な業界でね。やっぱりね、若干ホストクラブ的な面があるんですよね。ぜんぜん英語上達しないで、何年も続けてくれる二十代後半の生徒が結構多いんですよ。やっぱね。独身の子。そんな変な意味じゃないんだけど、やっぱりほかに理由考えられないですよね。だって、英語勉強するのに別に熱心でもないし、はっきりいって上達してないし、それで何年もやめずに来てくれる。まあ外国人のそこそこ若い男性がいるのが楽しんじゃないんかな？　ほかに考えられないでしょ。

実はこの男性も、サラリーマン時代に、職場外に人間関係を求めてスナックに通ったことがありました。フィリピン出身の女性とコミュニケーションをとることが、英語を話せるようになりたいと思った大きな理由のひとつになったと語りました。

ことばの学習に絡み合う恋愛的あこがれは、女性だけに当てはまるわけでもなく、またすべての女性に当てはまるわけでもありません。また、学習言語は英語に限らないでしょう。ただ、このような感情に浸ることができるのは、非日常的な世界のみであり、英会話はその世界を目の前にくり広げてくれると言えるでしょう。

中には、英会話あるいは英語学習が明らかに逃避の手段となっているケースもありました。そのうちの一例を紹介します。

看護師で働いている三〇代半ばの女性は、前述の英語をしゃべろうとしない男性が通っている英会話レッスンに来ていました。話を聞いてみると、『赤毛のアン』に魅せられて、カナダのプリンスエドワード島に通算三年半、四回にわたり住んだ経験がありました。最後に日本に帰ってきたのは四年前です。数カ月前に地域のゴスペル合唱団に入り、そこに来ていたアメリカ人女性牧師に誘われて始めたのが、今回の英会話学習のきっかけでした。英語力を低下させないために始めたということでした。

最初にカナダを訪れた理由は、英語学習のためではなく、赤毛のアンの島にただ住んでみたかったというのです。こう語りました。

純粋なんですよ。アンも純粋だし、周りのおとなも純粋だし。すごく、こういう子ども時代がほしかったっていうあこがれみたいな、こういう家族愛がほしかったって、友達はまあいいにしても、家族愛みたいなあこがれ、こういう家族がほしかった、すてきな話です。

彼女は大家族の中で育ちましたが、家族間の仲たがいがはげしく、虐待まではいかないものの家庭内暴力が絶えなかったと明かしました。結婚するも一年後に離婚して、その後カナダに渡ることにしました。英語は、島に住むために必要な手段であって、英語を勉強したくて行ったのではないと断言しました。

ところが、カナダでは予期せずこじれた恋愛関係を作ってしまい、日本とカナダを四回往復しながら葛藤の年月を過ごすことになりました。しかし、インタビュー時には自分が一番大切だと思えるようになり、気持ちも穏やかになったと言います。以前は、被害者意識が強かった反面、かっこよく英語がしゃべれる自分が好きだと思っていたのですが、今は、そんな自分には価値を見出せなくなったと語りました。

彼女の場合、『赤毛のアン』が醸し出すあこがれは、家族と暮らす息苦しさや離婚体験の苦々しさとは対照的でした。カナダに行くことは現実逃避だったのです。その中で英語を使うことは、この逃避を実現する手段でした。最近始めた英会話には、逃避の延長線上にあった恋愛関係とあこがれの記憶をつなぐ役割があったのかもしれません。

†趣味としての英会話学習の意義

英会話は、なんとなく「英語が使えるようになりたい」という実用面の願望から始める場合が多いのは確かです。しかし、実際には「使えるようになる」のが学習の主要目的であるというより、学習に付随する社交・逃避などの行動を通して生じる情緒的恩恵が学習を継続させているようです。その情緒的恩恵は、楽しみ・喜び・自己実現・あこがれなどで、個人が置かれた状況や願望によって異なる様相を呈します。

もちろん英会話は習い事でもあるので、技能面の満足度も継続には欠かせません。趣味として続けていても上達しない、あるいは「使えるようにならない」場合、さらに情緒面の恩恵がない場合は、やめることになります。

いずれにせよ、英会話がもたらす社交的対人関係、そして現実と離れた空想の世界は、成人男女にとって、日常生活を離れた憩いの余暇空間であると言えます。もちろん、キャリアアップのために企業内レッスンで英語を学んでいる会社員や、TOEIC準備コースに通う学習者もいます。その場合は「英語力がつく」ことが目的です。しかし、趣味としての英会話は、英語が使えるようにならなくても、学習の恩恵は十分あるのです。

†消費としての学び

趣味としての習い事にはコストがつきものです。独学の学習者もいるでしょうが、多くの場合、学習者は英会話サービスを消費することで楽しみや喜びを得ます。このような学習は、政府が求めているようなグローバル人材になるために自己責任において行なう投資行動というより、情緒面での満足を得るための消費行動と考えることができます。

消費行動は英会話産業と直結しています。英会話産業は、このような消費者の心理を巧みにとらえ、あるいはそれを形作りながら利益をあげています。そしてここでも本書で取り上げてきた英語教育に関する幻想が増産されています。英会話学校の広告などでも明らかでしょう。

もちろんすべての学習者が白人ネイティブスピーカーを求めているわけでもありませんし、ネイティブスピーカーのようになりたいと思っているわけではないでしょうが、消費者マインドをとらえるビジネスは、多数者のニーズを満たし、さらにそれを再生産します。英会話というインフォーマルな学習環境は、学校や大学での学習環境と連動しながら、英語学習にまつわるイデオロギーを増幅させていると言えるでしょう。

†学校・大学での学習とは無関係か

それでは一体、楽しみや喜びや安らぎを消費する趣味としての英語学習は、学校・大学の英語学習と無関係なのでしょうか。

インフォーマルな学びとフォーマルな学びとの違いのひとつは、前者は学びの（擬似）行為によってもたらされる情緒面の充足が重要な恩恵となっているのに対して、後者は、政府や財界が育成しようとしているグローバル人材として「使えるようになる」技能に焦点を置いていることです。

インフォーマルな学びとしての英会話では、使えるようにならなくても学習に関わる意義があることを指摘してきました。しかし、技能伸長が目標のフォーマルな学習であっても、すべてが機械的な作業なのではなく、情緒面も大切な要素です。さらに、学習の結果得たスキルを実際に使う際にも、その行為は純粋に機械的なものではなく、良好な人間関係の構築を支える手段となるのです。これは前述の駐在員の場合でも明らかでした。

もうひとつの大きな違いは、学習の意思です。英会話は個人が自発的に行なうのに対して、フォーマルな学習はほとんどの場合、個人の意思にかかわらず行なわなければなりません。英会話を始めたきっかけのひとつに、学校の時に英語が好きだった、というコメントが多く聞かれました。つまり、学校で強いられた学びの体験を経ても、興味を持ち続けることができた、ということです。その理由は、映画・音楽などのポップカルチャーへの興味もあるでしょうが、学校の英語の授業が楽しかったこともあります。余暇活動としての趣味が人間生活を豊かにしてくれることを考えると、英会話レッスンであれ学校の授業であれ、情緒を豊かにする学習とは何か、人生に意義を与えてくれる学習とは何かを考えさせてくれます。

その反面、英会話が繰り広げる世界は、学校・大学教育政策に取り込まれているイデオロギーをさらに増長させています。人種・民族・言語・文化の違いや、言語習得に対するかたよった意識は、商品化され英語学習産業の収益拡大に利用されてしまっています。さらに英語教育の中で作り出される人種・民族・言語・文化に対するゆがんだ見方は、開かれた視野や態度を培うという言語学習の本来の目的から外れてしまっています。

今日、学校・大学での英語教育は、競争社会で勝ち抜くための実用主義に走っています。しかし言語学習はそもそも、個人的・情緒的・社会的にも大きな意義を持つ活動です。これらの実用性を超えた側面は、豊かな人間生活と平和な人間社会のための教育政策の柱として再考されるべきではないでしょうか。

あとがき

長年にわたって、研究論文をおもに英語で海外の学術雑誌に発表してきましたが、日本だけでなく他国においても、学術研究の成果が実際の教育政策や授業に活かされていない現状にもどかしさを感じるようになりました。その大きな原因は、学術的知見が一般読者と共有されていないことです。

私も含めて応用言語学の研究者は、とくに近年の新自由主義的な大学運営において、業績を積むことで自身の雇用を安定させることに専念せざるを得ない状況になってきています。そして終身雇用と准教授の身分を獲得したあとも、教授への昇進の審査が待っています。競争社会では、安定したポストを得て収入を増やすためには、研究者としての知名度を自己責任で高めなければなりません。

このような事情で、少なくとも北米の応用言語学の研究者の多くは、論文を年に何本、どの雑誌で出版したか、その論文はどのくらいの頻度で他の学者に引用されているのか、などをつねに考えながら生活しています。言語教育関係の論文では最後の締めとして、研究の結果がどのように実践に役立つのかを論じるのがつねです。しかし、私も含めて研究者は自身の研究が与える社会的貢献を、建前で語ることは期待されますが、実際の現場で実践し社会を変えていく努力はほとんどしません。

私が行なってきた批判的応用言語学の研究は、不平等な意識・行動・社会システムを助長する一般通念に疑義を申し立て、より平等な人間関係を築くことを目標としています。その目標を実現するためには、研究活動の周囲に高い壁を作ってしまうような、「知識のサイロ化」から脱却することが重要だと考えるようになりました。ただ、その手段がわからず歯がゆい思いをしていたところ、本書執筆の機会が訪れました。

本書執筆にあたって、出版社を紹介してくださった青山玲二郎さん、企画・執筆に関して助力してくださった筑摩書房の天野裕子さん、そして、最終段階で貴重なコメントをくださった江利川春雄先生に感謝の意を表します。

また、幻想6と幻想7の日系企業駐在員に関する研究は、ブリティッシュ・コロンビア大学ならびにカナダ人文社会科学研究評議会からの助成によって行なうことができました。また、幻想10の英会話に関する研究は、国際交流基金からの助成によって可能となりました。また、貴重な時間をさいてこれらの研究プロジェクトに協力してくださった企業の方々、ならびに、地域の英会話学習者、その他協力者の方々に心から感謝いたします。

主要参考・引用文献

青木保　一九九九『「日本文化論」の変容――戦後日本の文化とアイデンティティー』、中公文庫

ベネディクト・アンダーソン　二〇〇七『定本　想像の共同体――ナショナリズムの起源と流行』、書籍工房早山

岩渕秀樹　二〇一三『韓国のグローバル人材育成力――超競争社会の真実』、講談社現代新書

江利川春雄　二〇〇八『日本人は英語をどう学んできたか――英語教育の社会文化史』、研究社

江利川春雄／斎藤兆史／鳥飼玖美子／大津由紀雄　二〇一四『学校英語教育は何のため？』、ひつじ書房

河先俊子　二〇一三『韓国における日本語教育必要論の史的展開』、ひつじ書房

如月隼人　二〇一三「日本語学習者数、中国がトップに……人口比では韓国など突出」Searchina http://news.nicovideo.jp/watch/nw683550

紀平健一　一九八八「戦後英語教育におけるJack and Bettyの位置」『日本英語教育史研究第三号』

金水敏　二〇一四『コレモ日本語アルカ？――異人のことばが生まれるとき』、岩波書店

久保田竜子　二〇一五『グローバル化社会と言語教育――クリティカルな視点から』、くろしお

出版
久保田竜子　二〇一五　『英語教育と文化・人種・ジェンダー』、くろしお出版
久保田竜子　二〇一五「アジアにおける日系企業駐在員の言語選択――英語至上主義への疑問」『ことばと社会』一七号
経済産業省大臣官房調査統計グループ　二〇一六「平成二七年特定サービス産業実態調査報告書　教養・技能教授業編」http://www.meti.go.jp/statistics/tyo/tokusabizi/result-2/h27/pdf/h27report28.pdf
国際交流基金　二〇一六「海外日本語教育機関調査結果（速報値）」http://www.jpf.go.jp/j/about/press/2016/dl/2016-057-2.pdf
杉本良夫／ロス・マオア　一九八二『日本人は「日本的」か』、東洋経済新報社
鈴木大裕　二〇一六『崩壊するアメリカの公教育――日本への警告』、岩波書店
総務省　二〇一七「グローバル人材育成の推進に関する政策評価書」http://www.soumu.go.jp/menu_news/s-news/107317_00009.html
津田幸男　一九九一『英語支配の構造――日本人と異文化コミュニケーション』、第三書館
寺沢拓敬　二〇一四『「なんで英語やるの?」の戦後史――《国民教育》としての英語、その伝統の成立過程』、研究社
寺沢拓敬　二〇一五『「日本人と英語」の社会学――なぜ英語教育論は誤解だらけなのか』、研究社

寺島隆吉　二〇〇九『英語教育が亡びるとき――「英語で授業」のイデオロギー』、明石書店
中村敬／峯村勝／髙柴浩　二〇一四『「英語教育神話」の解体――今なぜこの教科書か』、三元社
成毛眞　二〇一一『日本人の9割に英語はいらない――英語業界のカモになるな！』、祥伝社
バトラー後藤裕子　二〇一五『英語学習は早いほど良いのか』、岩波新書
ロバート・フィリプソン　『言語帝国主義――英語支配と英語教育』、三元社
ベフ・ハルミ　一九九七『イデオロギーとしての日本文化論』、思想の科学社
ガバン・マコーマック／乗松聡子　『沖縄の〈怒《いかり》〉――日米への抵抗』、法律文化社
孫崎享　二〇一二『戦後史の正体 1945–2012』、創元社
森田俊男　一九八七「第四章　臨教審と日本文化論」京都教育センター（編）『「日本文化論」批判と臨教審』、あずみの書房
文部科学省　国立教育政策研究所　二〇一七『平成二九年度全国学力・学習状況調査報告書』
http://www.nier.go.jp/17chousakekkahoukoku/report/data/17qn.pdf
矢部宏治　二〇一七『知ってはいけない――隠された日本支配の構造』、講談社現代新書
山口誠　二〇〇一『英語講座の誕生――メディアと教養が出会う近代日本』、講談社
山田雄一郎　二〇〇五『英語教育はなぜ間違うのか』、ちくま新書
吉野耕作　一九九七『文化ナショナリズムの社会学――現代日本のアイデンティティの行方』、名古屋大学出版会

Appleby, R. (2014). *Men and masculinities in global English language teaching.* New York, NY: Palgrave Mcmillian.

Bailey, K. (2007). Akogare, ideology, and "Charisma Man" mythology: Reflections on ethnographic research in English language schools in Japan. *Gender, Place and Culture, 14,* 585–608.

Bonilla-Silva, E. (2009). *Racism without racists: Color-blind racism and the persistence of racial inequality in the United States* (3rd ed.). Lanham, MD: Rowman & Littlefield.

Booth, A. L., Leigh, A., & Varganova, E. (2012). Does ethnic discrimination vary across minority groups?: Evidence from a field experiment. *Oxford Bulletin of Economics and Statistics, 74, 547–573.*

Braine, G. (Ed.). (1999). *Non-native educators in English language teaching.* Mahwah, NJ: Lawrence Erlbaum.

Cook, V. (2005). Basing teaching on the L2 user. In Llurda, E. (Ed.), *Non-native language teachers: Perceptions, challenges and contribution to the profession* (pp. 47–61). New York, NY: Springer.

Cummins, J. (2000). *Language, power and pedagogy: Bilingual children in the crossfire.* Clevedon, UK: Multilingual Matters.

Cummins, J. (2007). Rethinking monolingual instructional strategies in multilingual classrooms. *Canadian Journal of Applied Linguistics, 10,* 221–240.

Darder, A., & Torres, R. D. (2004). *After race: Racism after multiculturalism.* New York, NY: New York University Press.

Davies, A., (2003). *The native speaker: Myth and reality* (2nd ed.). Clevedon, UK: Multilingual Matters.

Faez, F. (2011). Reconceptualizing the native/nonnative speaker dichotomy. *Journal of Language, Identity and Education, 10,* 231–249.

Grin, F. (2001). English as economic value: Facts and fallacies. *World Englishes, 20,* 65–78.

Grin, F. (2003). Language planning and economics. *Current Issues in Language Planning, 4,* 1–66.

Grin, F., Sfreddo, C., & Vaillancourt, F. (2010). *The economics of the multilingual workplace.* New York, NY: Routledge.

Hall, E. T. (1976). *Beyond culture.* Garden City, NY: Anchor Books.

Hall, G., & Cook, G. (2012). Own-language use in language teaching and learning. *Language Teaching, 45,* 271–308.

Heng Hartse, J. (2015). Acceptability and authority in Chinese and non-Chinese English teachers' judgments of language use in English writing by Chinese university students. Ph. D. dissertation submitted to the University of British Columbia.

Jenkins, J. (2014). *English as a lingua franca in the international university: The politics of academic English language policy.* London and New York: Routledge.

Kachru, B. B. (1997). World Englishes 2000: Resources for research and teaching. In L. E. Smith & M. L. Forman (Eds.) *World Englishes 2000* (pp. 209-251). Honolulu, HI: University of Hawai'i Press

Kachru, B. B., Kachru, Y., & Nelson, C. L. (Eds.) (2006). *The handbook of world Englishes.* Malden, MA: Blackwell.

Kachru, Y. (1999). Culture, context, and writing. In E. Hinkel (Ed.), *Culture in second language teaching and learning* (pp. 75-89). Cambridge, UK: Cambridge University Press.

Kang, O., & Rubin, D. L. (2009). Reverse linguistic stereotyping: Measuring the effect of listener expectations on speech evaluation. *Journal of Language and Social Psychology, 28,* 441-456.

Kaplan, R. B. (1966). Cultural thought patterns in Inter-cultural Education. *Language Learning, 16,* 1-20.

Kelsky, K. (2001). *Women on the verge: Japanese women, Western dreams.* Durham, NC: Duke University Press.

Kumaravadivelu, B. (2016). The decolonial option in English teaching: Can the subaltern act?

TESOL Quarterly, 50, 66–85.

Kymlicka, W. (2013). Neoliberal multiculturalism? In P. A. Hall & M. Lamont (Eds.), *Social resilience in the neoliberal era* (p. 99–126). Cambridge, UK: Cambridge University Press.

Lee, E., & Simon-Maeda, A. (2006). Racialized research identities in ESL/EFL research. *TESOL Quarterly, 40,* 573–594.

Lee, J. H., & Macaro, E. (2013). Investigating age in the use of L1 or English-only instruction: Vocabulary acquisition by Korean EFL learners. *The Modern Language Journal, 97,* 887–901.

Lippi-Green, R. (2012). *English with an Accent* (2nd *ed.*). New York, NY: Routledge.

Matsuda, A. (Ed.) (2017). *Preparing teachers of English as an international language*. Bristol, UK: Multilingual Matters.

McConnell, D. L. (2000). *Importing diversity: Inside Japan's JET Program*. Berkeley, CA: University of California Press.

Muñoz, C. (2011). Input and long-term effects of starting age in foreign language learning. *International Review of Applied Linguistics in Language Teaching, 49,* 113–133.

Murata, K. (ed.) (2015). *Exploring ELF in Japanese academic and business contexts: Conceptualisation, research and pedagogic implications*. London, UK: Routledge.

Nation, P. (2003). The role of the first language in foreign language learning. *Asian EFL Journal, 1,* 35–39.

Okamoto, S., & Shibamoto Smith, J. S. (Eds.)(2004). *Japanese Language, gender, and ideology: Cultural models and real people.* New York, NY: Oxford University Press.

Oreopoulos, P. (2011). Why do skilled immigrants struggle in the labor market? A field experiment with thirteen thousand resumes. *American Economic Journal: Economic Policy, 3,* 148–171.

Pennycook, A. (1988). *English and the discourses of Colonialism.* London, UK: Routledge.

Pfenninger, S. E., & Singleton, D. (2017). *Beyond age effects in instructional L2 learning: Revisiting the age factor.* Bristol, UK: Multilingual Matters.

Seidlhofer, B. (2011). *Understanding English as a lingua franca.* Oxford, UK: Oxford University Press.

Selvi, A. F. (2014). Myths and misconceptions about nonnative English speakers in the TESOL (NNEST) movement. *TESOL Journal, 5,* 573–611.

Shi, L., & Kubota, R. (2007). Patterns of rhetorical organizations in Canadian and American language arts textbooks: An exploratory study. *English for Specific Purposes, 26,* 180–202.

Skutnabb-Kangas, T., & Phillipson, R. (Eds.) (1995). *Linguistic human rights: Overcoming linguistic discrimination.* Berlin & New York: Mouton de Gruyter.

Sparks, R., Patton, J., Ganschow, L., & Humbach, N. (2009). Long-term crosslinguistic transfer of skills from L1 to L2. *Language Learning, 59,* 203–243.

Stebbins, R. A. (1997). Casual leisure: A conceptual statement. *Leisure Studies, 16,* 17–25.

Stebbins, R. A. (2007). *Serious leisure: A perspective for our time.* New Brunswick, NJ: Transaction Publishers.

Sue, D. W., Capodilupo, C. M., Torino, G. C., Bucceri, J. M., Holder, A. M. B., Nadal, K. L., & Esquilin, M. (2007). Racial microaggressions in everyday life: implications for clinical practice. *American Psychologist, 62* (4), 271–286.

Tajima, M. (2018). Gendered constructions of Filipina teachers in Japan's Skype English conversation industry. *Journal of Sociolinguistics, 22,* 100–117.

Takahashi, K. (2013). *Language learning, gender and desire: Japanese women on the move.* Bristol, UK : multilingual Matters.

ちくま新書
1350

英語教育幻想《えいごきょういくげんそう》

二〇一八年八月一〇日　第一刷発行

著者　久保田竜子（くぼた・りゅうこ）
発行者　喜入冬子
発行所　株式会社 筑摩書房
東京都台東区蔵前二-五-三　郵便番号一一一-八七五五
振替〇〇一六〇-八-四一二三
装幀者　間村俊一
印刷・製本　株式会社 精興社

乱丁・落丁本の場合は、左記宛にご送付ください。
送料小社負担でお取り替えいたします。
ご注文・お問い合わせも左記へお願いいたします。
〒三三一-八五〇七　さいたま市北区櫛引町二-六〇四
筑摩書房サービスセンター　電話〇四八-六五一-〇〇五三

ISBN978-4-480-07156-9 C0282

ちくま新書

122
論文・レポートのまとめ方
古郡廷治
論文・レポートのまとめ方にはこんなコツがある！ 用字、用語、文章構成から図表の使い方まで実例を挙げながら丁寧に秘訣を伝授。初歩から学べる実用的な一冊。

1088
反論が苦手な人の議論トレーニング
吉岡友治
「空気を読む」というマイナスに語られがちな行為は、実は議論の流れを知るための技でもあった！ ツッコミから反論、仲裁まで、話すための極意を伝授する。

399
教えることの復権
大村はま
苅谷剛彦・夏子
詰め込みかゆとり教育か。今再びこの国の教育が揺れている。教室と授業に賭けた一教師の息の長い仕事を通して、もう一度正面から「教えること」を考え直す。

679
大学の教育力
――何を教え、学ぶか
金子元久
日本の大学が直面する課題を、歴史的かつグローバルな文脈のなかで捉えなおし、高等教育が確実な「教育力」をもつための方途を考える。大学関係者必読の一冊。

742
公立学校の底力
志水宏吉
公立学校のよさとは何か。元気のある学校はどんな取り組みをしているのか。12の学校を取り上げた本書は、公立学校を支える人々へ送る熱きエールである。

758
進学格差
――深刻化する教育費負担
小林雅之
統計調査から明らかになった進学における格差。なぜ今まで社会問題とならなかったのか。諸外国の奨学金のあり方などを比較しながら、日本の教育費負担を問う。

828
教育改革のゆくえ
――国から地方へ
小川正人
二〇〇〇年以降、激動の理由は？ 文教族・文科省・内閣のパワーバランスの変化を明らかにし、内閣主導の現在、教育が政治の食い物にされないための方策を考える。

ちくま新書

1014
学力幻想
小玉重夫
日本の教育はなぜ失敗をくり返すのか。その背景には、子ども中心主義とポピュリズムの罠がある。学力をめぐる誤った思い込みを抉り出し、教育再生への道筋を示す。

1041
子どもが伸びる ほめる子育て
――データと実例が教えるツボ
太田肇
「ほめて育てる」のは意外と難しい。間違えると逆効果。どうしたら力を伸ばせるのか？ データと実例で「ほめ方」を解説し、無気力な子供を変える育て方を伝授！

1047
公立中高一貫校
小林公夫
私立との違いは？ 適性検査の内容は？ どんな子どもが受かるのか？ 難関受験教育のエキスパートが、徹底した問題分析と取材をもとに、合格への道を伝授する。

1174
「超」進学校 開成・灘の卒業生
――その教育は仕事に活きるか
濱中淳子
東西の超進学校、開成と灘に実施した卒業生調査。中高時代の生活や悩みから現在の職業、年収まで詳細に分析。そこから日本の教育と社会の実相を逆照射する。

1180
家庭という学校
外山滋比古
親こそ最高の教師である。子供が誰でも持つ天才的能力をつなぎとめるには、親が家庭で上手に教育するしかない。誇りを持って、愛情をこめて子を導く教育術の真髄。

1212
高大接続改革
――変わる入試と教育システム
山内太地
本間正人
2020年度から大学入試が激変する。アクティブラーニング（AL）を前提とした高大接続の一環。では、ALとは何か、私たち親や教師はどう対応したらよいか？

1337
暴走する能力主義
――教育と現代社会の病理
中村高康
大学進学が一般化し、いま、学歴の正当性が問われている。〈能力〉のあり方が揺らぐ現代を分析し、私たちが生きる社会とは何なのか、その構造をくっきりと描く。

ちくま新書

1339
オカルト化する日本の教育
——江戸しぐさと親学にひそむナショナリズム
原田実
偽史・疑似科学にもとづく教育論が、教育行政に影響を与えている。欺瞞に満ちた教えはなぜ蔓延したのか。嘘がばれているのに、まかり通る背景には何があるのか。

1279
世界に広がる日本の職人
——アジアでうけるサービス
青山玲二郎
日本発の技術とサービスが大好評な訳は？ 香港の寿司店、バンコクの美容室、台北の語学学校など。海外移住者たちが働く現場から、その要因を多面的に徹底解明！

1265
僕らの社会主義
國分功一郎
山崎亮
いま再びグランド・セオリーが必要とされているのではないか？ マルクス主義とは別の「あったかもしれない社会主義」の可能性について気鋭の論客が語り尽くす。

1189
恥をかかないスピーチ力
齋藤孝
自己紹介や、結婚式、送別会など人前で話す機会は意外と多い。そんな時のためのスピーチやコメントのコツと心構えを教えます。これさえ読んでいれば安心できる。

1277
消費大陸アジア
——巨大市場を読みとく
川端基夫
中国、台湾、タイ、インドネシア……いま盛り上がるアジア各国の市場や消費者の特徴・ポイントを豊富な実例で解説する。成功する商品・企業は何が違うのか？

701
こんなに使える経済学
——肥満から出世まで
大竹文雄編
肥満もたばこ中毒も、出世も談合も、経済学的な思考を上手に用いれば、問題解決への道筋が見えてくる！ 経済学のエッセンスが実感できる、まったく新しい入門書。

785
経済学の名著30
松原隆一郎
スミス、マルクスから、ケインズ、ハイエクを経てセンまで。各時代の危機に対峙することで生まれた古典には混沌とする経済の今を捉えるためのヒントが満ちている！

ちくま新書

869
35歳までに読むキャリア《しごとえらび》の教科書
——就・転職の絶対原則を知る
渡邉正裕
会社にしがみついていても、なんとかなる時代ではなくなった。どうすれば自分の市場価値を高めて、望む仕事に就くことができるのか？　迷える若者のための一冊。

884
40歳からの知的生産術
谷岡一郎
マネジメントの極意とは？　時間管理・情報整理・知的生産の3ステップで、その極意を紹介。ファイル術からアウトプット戦略まで、成果をだすための秘訣がわかる。

928
高校生にもわかる「お金」の話
内藤忍
お金は一生にいくら必要か？　お金の落とし穴って何だ？　ＡＫＢ48、宝くじ、牛丼戦争など、身近な喩えでわかりやすく伝える、学校では教えない「お金の真実」。

930
世代間格差
——人口減少社会を問いなおす
加藤久和
年金破綻、かさむ医療費、奪われる若者雇用——。年齢によって利害が生じる「世代間格差」は、いかに解消できるか？　問題点から処方箋まで、徹底的に検証する。

931
20代からのファイナンス入門
——お金がお金を生む仕組み
永野良佑
一見複雑に思える金融のメカニズム。しかし、基礎の考え方さえ押さえておけば、実はすべてが腑に落ちる仕方で理解できる。知識ゼロから読めるファイナンス入門。

962
通貨を考える
中北徹
「円高はなぜ続くのか」「ユーロ危機はなぜくすぶり続けるのか」。こうした議論の補助線として「財政」と「決済」に光をあて、全く新しい観点から国際金融を問いなおす。

973
本当の経済の話をしよう
若田部昌澄
栗原裕一郎
難解に見える経済学も、整理すれば実は簡単。わかりやすさで定評のある経済学者・若田部昌澄に、気鋭の評論家・栗原裕一郎が挑む、新しいタイプの対話式入門書。

ちくま新書

976
理想の上司は、なぜ苦しいのか
――管理職の壁を越えるための教科書
樋口弘和
いい上司をめざすほど辛くなるのはなぜだろう。頑張るほど疲弊してしまう現代の管理職。では、その苦労の理由とは。壁を乗り越え、マネジメント力を上げる秘訣！

1006
高校生からの経済データ入門
吉本佳生
データの収集、蓄積、作成、分析。数字で考える「頭」は、情報技術では絶対に買えません。高校生でも、そして大人でも、分析の技法を基礎の基礎から学べます。

1015
日本型雇用の真実
石水喜夫
雇用流動化論は欺瞞である。日本型雇用は終わっていない。労働力を商品と見て、競争を煽ってきた旧来の労働経済学を徹底批判。働く人本位の経済体制を構想する。

1023
日本銀行
翁邦雄
アベノミクスで脱デフレに向けて舵を切った日銀は、本当に金融システムを安定させられるのか。金融政策の第一人者が、日銀の歴史と多難な現状を詳しく解説する。

1032
マーケットデザイン
――最先端の実用的な経済学
坂井豊貴
腎臓移植、就活でのマッチング、婚活パーティー⁉ お金で解決できないこれらの問題を解消する画期的な思考を解説する。経済学が苦手な人でも読む価値あり！

1042
若者を見殺しにする日本経済
原田泰
社会保障ばかり充実させ、若者を犠牲にしている日本経済に未来はない。若年層が積極的に活動し、失敗しても取り返せる活力ある社会につくり直すための経済改革論。

1069
金融史の真実
――資本システムの一〇〇〇年
倉都康行
懸命に回避を試みても、リスク計算が狂い始めるとき、金融危機は繰り返し起こる。「資本システム」の歴史を概観しながら、その脆弱性と問題点の行方を探る。